チリ・イースター島の謎の石像モアイのひとつ。モアイは本来こうした白サンゴと黒曜石の目を持つ。頭の上のプカオは、帽子とも髷（まげ）とも言われる。

日本企業の協力で修復されたイースター島アフ・トンガリキ遺跡のモアイ

津波で押し流され、がれきに埋もれかけたモアイ頭部

東日本大震災前のモアイ像とコンドルの塔。チリとの友好の象徴だった（宮城県・南三陸町、松原公園）

日本に到着したモアイは、左野勝司さんの工房に運ばれて、台座に据えられ、プカオをかぶせてもらう

島の長老で石工のマヌエル・トゥキさん（右写真：右）が決断して、イースター島の石で、日本に送るモアイを作ることになった。息子のベネディクトさんが、主に制作にあたった（撮影：Paul Rossetti ）

5月25日、快晴の南三陸町で贈呈式が挙行された。除幕の瞬間

3月20日、東京・丸の内で初めて一般公開されたモアイ像（撮影：佐藤信一）

開眼式も行なわれた。「目」の入った像の前で、贈呈の中心人物・ア ンドラカ氏（左）、ベネディクトさん（右）。中はイースター島のふたりとチリへ短期留学した３人の志津川高校生

チリ・エスペランサ委員会の「希望プロジェクト」で海を渡った山内 さん、遠藤君、及川君（左から）。イースター島のアフ・トンガリキにて（撮影：Rodrigo Fernandez）

モアイの絆

Lazo que une el Moai

チリ・イースター島から南三陸町への贈り物

「モアイプロジェクト実行委員会」編

言視舎

はじめに――日本のみなさまへ

２０１１年3月11日、日本で大地震が起きたという報せに接したとき、私は前年にチリで起きた大地震のことを思い出し、自分が愛する二つの国が同じ災害に遭ってしまったことに大きな悲しみを抱きました。そしてすぐさま、自分にいったい何ができるかということを考えました。

40年ほど前に初めて日本を訪れて以来、私の訪日回数はすでに85回を数えています。１９９１年からは日智経済委員会の代表として両国の経済交流の促進に努めてきましたが、私と日本とはもはやビジネス上の関係を超え、精神的、文化的にも深く結びついています。

私だけではありません。日本との関わりの深い民間企業から日を経ずして義捐金が集まり、各企業の幹部たちは、自分たちの思いをどうやって日本に届ければいいかを真剣に話し合いました。

「日本の被災者が今求めているのは経済的な援助ではなく、将来に対する希望なのではないだろうか」——こうして「希望」の名を冠した「エスペランサ《希望》委員会」が発足し、熱心な議論の末、チリ領イースター島でつくったモアイ像を日本の被災地の一つ、宮城県南三陸町に贈ることになりました。

たびたび地震と津波の被害に遭ってきた南三陸町とチリとの関係、イースター島のモアイとのつながり、そしてモアイをめぐる地元・志津川高校の活動を知ったとき、私たちは心から感動しました。南三陸町の人々が、無名のモアイ像に生命を与えてくれたように感じたのです。

それは、太平洋に浮かぶイースター島の人々の心をも大きく揺さぶりました。彼らは、かつて島のモアイ修復に、日本人が力を尽くしてきたことを決して忘れてはいませんでした。だからこそ、再生への祈りを込めて、「マナ」と呼ばれる魂を吹き込んだモアイを被災地に贈るという前例のないプロジェクトが動き出したのです。

イースター島、そしてチリの思いを込めたモアイが、両国の絆の証《あかし》として、永久に日本人に愛され続けることを信じています。そして、南三陸町のモアイが日本におけるチリのシンボルとなり、南三陸町に行けばチリのすべてがわかるほどに交流が深まれば、双方に豊かな実りをもたらすことになるのではないでしょうか。

エスペランサ委員会は、このモアイプロジェクトと同時に、志津川高校の生徒たちに対してチリへの短期留学プログラムも立ち上げました。このプログラムが今後も長く引き継がれることを期待します。両国の若者たちが互いをより深く知り、学び合うためにまかれた種子は、やがて芽吹いて交わりの枝を伸ばし、喜びの葉を繁らせることでしょう。


私は長く日本と関わってきて、日本人に対してこんな印象を抱いています。

日本人はほかの国の人々に比べて、最初は取っつきにくくて、友人関係もつくりづらいかもしれない。しかし、ひとたび心を許せる関係になると、まるで線路をひた走る機関車のように、その友情はどんな苦しい状況を迎えても、前へ前へと進み、決して裏切られることはない――。

これまでチリと日本は長い友好の歴史を刻んできましたが、残念ながら、まとまった形で記録に残されているものは多くありません。今回のモアイプロジェクトをはじめ、両国の交流の軌跡を形あるものにして、より多くの人々に伝えていくことが必要です。その意味で、本書の出版はたいへんに意義深いことと感じています。秋にはスペイン語版も出版される予定です。

本書が、両国の絆をさらに確かなものとするために、永く読み継がれることを願ってやみません。

エスペランサ委員会委員長　ロベルト・デ・アンドラカ

（CAP社・会長、日智経済委員会委員長）

＊エスペランサ委員会 構成メンバー企業

アグロスーパー社／バンコ・デ・チレ銀行／セルロサ・アラウコ社／CAP傘下各社／インドゥモトローラ傘下各社／ウルトラマール傘下各社、ウルトラガス社／エル・テソロ鉱山会社／エスコンディダ鉱山会社（BHPビリトン社傘下）／シグド・コッパース傘下各社／ロス・ペランブレス鉱山会社

モアイの絆——目次

※文中に登場する方々の肩書は当時のものです。

第Ⅰ部

モアイの絆

チリ・イースター島から
南三陸町への贈り物

プロローグ

見渡す限り、町はがれきと化していた。一帯に散乱した建物の残骸の向こう、リアス式海岸に縁取られた湾内はいつものように沈黙をたたえていた。それはこの町を容赦なくのみ込んだ巨大津波を生んだ海だった。

2011年3月11日に起こった東日本大震災による津波は、東北一帯の太平洋岸を襲った。中でも三陸海岸の南端に位置する宮城県の南三陸町には、志津川湾内に入り込んだ大波が集中して押し寄せ、山と海に囲まれた美しい町は一瞬のうちに壊滅した。

海に面した松原公園、通称チリプラザは震災前、体育館や公民館、野球場を併設する、町の人々の憩いの場だった。そこには松林を背に海を見つめるように、チリ領イースター島の石像モアイと、ブロンズ製のコンドルを戴《いただ》いた記念塔が並んで立っていた。半世紀前、1960年のチリ地震による津波被害を受けたこの町が、その後、チリとの友好と防災のシンボルとして20年前に設置したものだった。以来、静かで威厳に満ち、それでいてどこか愛嬌のあるモアイは、南三陸町の人々に親しまれながら町を見守ってきた。

津波で頭部を失ったモアイ（左）とコンドル像を失った石塔（松原公園）

しかし、大震災後のがれきの中に立っていたのは、高さ4メートル近くあった半身像のうち、頭を失ったモアイの胴体、そしてコンドルを失った記念塔の柱身だけだった。

津波に叩き飛ばされたモアイの頭部は、台座に一部を埋めて設置した胴体からもぎ取られ、50メートルほど陸側に押し流されていた。がれきの中、モアイはごろりと横向きに転がったまま、救い出されるのを待っていた。

がれきの集積場となったこの公園には、膨大な量のコンクリ片や廃材が日に日に積み上げられていった。

「がれきの中のモアイをなんとか救い出

してほしい」

南三陸町の役場にモアイ像の〝救出〟を求めたのは、地元高校の教諭と生徒たちだった。県立志津川高校ではその前年から、8人の生徒が授業の一環としてモアイを使った町おこし計画を進めていた。地元に親しまれたモアイを町のシンボルとして内外に発信していこうと、彼らは震災直前、公民館に集めた町民にその計画をプレゼンテーションしたばかりだった。それだけに計画のシンボルでもあったチリプラザのモアイ像に、生徒たちは特別の思いを寄せていた。

このまま放っておけば、モアイはがれきに埋もれて忘れ去られてしまう。せっかくチリでつくられ送られてきたものをこのままにしてはいけない――。

何度か役場に掛け合ったものの、多くの職員と庁舎を失ったうえ町民の生活再建に追われる町に、その余裕はなかった。

これは自分たちの力でどうにかしなければ……。だが、がれきの中に転がった4トン半の石の塊は人の力ではどうにもならない。かつてイースター島のモアイ修復に尽力したという日本のクレーン会社に頼んだらどうにかしてくれるのではないか。生徒たちはその会社宛てに手紙を書きはじめた。

「私たち高校生は、これからこの町を再建していかなければならないと強く感じていますが、その第一歩の取り組みとして、モアイ像の救出を考えていました。それは、このモアイ像が我々にとって一つの道標になると信じているからです」

このとき、志津川高校の生徒たちも先生も、そして南三陸町の人々も、これからこの壊れたモアイ像が、太平洋を挟んだ二つの国を巻き込む前代未聞の大プロジェクトの発端となることを、まだ知らない。

日本とチリ、東北の小さな港町と南太平洋の絶海の孤島——未来に向けて二つの国と地域が、モアイという絆で結ばれようとしていた。

第1章　モアイがやってきた町

史上最大のチリ地震

南三陸町とモアイが巡り合うきっかけは、半世紀以上前に地球上の真反対に位置する二つの国で起きた大災害にさかのぼる。

1960年5月22日午後3時11分（日本時間5月23日午前4時11分）、南米のチリ共和国で観測史上最大規模の地震が発生した。チリ中部の都市バルディビア近海で発生したマグニチュード9・5の「チリ地震」である。

この巨大地震によって首都サンティアゴをはじめ、チリ全土はほぼ壊滅状態となった。地震による直接の死者・行方不明者は1743人に上った。

激震によって発生した津波は、まもなく約18メートルの高さとなってチリ沿岸部をのみ尽くし、その一方で太平洋すべてを覆い尽くすように広がった。

洋上を平均時速700キロを超す猛スピードで西進した大波は、チリ本土から約3700キロ離れたイースター島東岸にあるポリネシア最大の遺跡アフ・トンガリキに凶暴な爪を立て、モアイ像とアフ（祭壇）を砕いて、あたり一帯をがれきに変えた。この遺跡の破砕が30年の歳月を経てイースター島と日本を結びつけ、さらに20年後にイースター島と南三陸町をつなぐのだが、それはまだ先のことである。

ハワイ島のヒロ湾では高さ10メートルを超す津波によって61人が犠牲となった。国際日付変更線を越えてさらに西へ猛進した津波は、地震発生からまる1日経った5月24日未明、最大波高6・1メートルとなって日本の太平洋岸に到達した。

1960年のチリ地震でチリ全土はほぼ壊滅状態に

太平洋に面した三陸海岸の南端、宮城県本吉郡志津川町（現・南三陸町志津川地区）には、高さ5・5メートルの津波が24日午前4時42分に襲来した。八幡《はちまん》川をはじめ志津川湾に注ぐ三つの河川は逆流する濁流で大蛇のように暴れた。

その後もほぼ1時間ごとに高さ1・2〜3メートルの波が断続的に押し寄せた。犠牲者は日本全体で142人、最も被害が大きかった岩手県大船渡市では53人、志津川町では41人が亡くなった。

この一帯ではそれまでも津波災害が繰り返されていた。1896年(明治29年)の明治三陸地震では約2万2000人、1933年(昭和8年)の昭和三陸地震では3000人を超す犠牲者が出た。近世以前においても、平安前期の貞観《じょうがん》地震(869年)に伴う巨大津波で死者1000人、江戸初期の慶長三陸地震(1611年)では死者5000人と記録されている。以来280年間に大小40回前後の大地震・津波が東北各地を襲った。

地震国日本の中でも、三陸沿岸は津波に翻弄され続ける歴史を刻んできたのである。

二重の心を持つ海

チリ地震の際は、それまでの津波には見られない前兆があった。5月24日午前4時すぎ、南三陸町が擁する志津川湾は約200メートル沖の荒島《あれしま》付近まで海水が引き、海底が姿を現したのだ。荒島に面する袖浜海岸でも異常な引き潮によって、ゴロゴロした岩だらけの海底が現れた。その前の昭和三陸津波の被害が明治三陸津波に比べて少なかったこともあり、引き潮の浜に出て波に取り残された魚をつかまえる者さえおり、これが被害を大きくする一因

チリ地震津波に襲われる宮城県・志津川町（現・南三陸町）

となった。

それまでの津波は近海の地震によるものがほとんどで、多くは身体に感じる揺れを伴っていた。そのため地元では、昔から「地震があったら津波の用心」と教えられてきた。しかし、このときは地球の反対側で起こった地震を感じることはできず、いわば突然に「音もなくやってきた津波」となった。これ以後、津波の教訓標語に「異常な引潮津波の用心」が加わった。

この津波の特徴は、「海面がモクモクと盛り上がって寄せてきた」と表現されるように、いわゆる「海ぶくれ」と呼ばれる形で、明治、昭和の三陸地震による津波のように鎌首をもたげた直立状の大波とは様相を異にした。また以前の二つの津波が湾の入り口で高く、奥に入るほど低くなったのに対し、チリ地震の津波は逆に奥に入るほど高くなった。

当時、被災した中学生が、その思いを詩に残している。

〝海〟

志津川中学校3年　沼倉弘子

こんな静かな海なのに
こんなきれいな海なのに
あの日はどうして荒れたのだろう
平和な町
楽しい町だったのに
狂った津波は泥の町にしてしまった
それでも知らぬ顔で
すましている海
ああ私は二重の心を持つ海を
再び愛したくない

再び好きにはなりたくない
決して荒れぬと約束するまでは
『文集志津川』（『志津川町チリ地震津波災害30周年記念誌』より）

　１９６０年前半の日本は熱い政治の季節を迎えていた。東京では前年から日米安全保障条約改定阻止を訴える文化人や労組、学生たちのデモが続いていたが、政府・与党は５月19日に新安保条約を強行採決した。以後、抗議デモは連日、国会を包囲し、警官隊と衝突を繰り返した。

　興奮のおさまった年末に池田勇人《はやと》内閣は10年間で国民総生産を倍増することを目標に掲げる「所得倍増計画」を打ち出した。以後、日本は高度経済成長の急坂を駆け上っていく。日本中が勢いづく中で、三陸の静かな町は、自然の猛威によって徹底的に打ちのめされていた。

悲しみから友好へ

　南三陸町は宮城県の北東部に位置する港町である。２００５年、本吉郡南部の志津川町と北部の歌津町の合併によって誕生した。

　歴史をさかのぼれば、江戸初期まで内陸部の入谷地区を中心に金の産地として栄えたところで、古くは奈良の大仏建立にも寄与したと言われ、中尊寺金色堂に象徴される奥州藤原氏三代の栄華を支えた。

江戸時代以降は養蚕業が盛んとなって、生糸の産地としてにぎわった。明治時代に入ると、地元の生糸製造業者が最先端の製糸工場を建設し、1900年のパリ万国博覧会では、その生糸銘柄「金華山」がグランプリを獲得して日本最高の品質を誇った。

時代の移り変わりとともに養蚕業が衰えると、漁業中心の町となっていく。親潮と黒潮がぶつかり合う三陸沖漁場は世界三大漁場の一つに数えられ、戦後はカキやホタテ、ワカメ、ギンザケなどの養殖が盛んになった。

町の7割以上は森林で、海に向かって町の三方を囲むのは標高300～500メートル台の山々である。沿岸部一帯は複雑に入り組んだリアス式海岸特有の美しい景観をなし、海と山の豊かな自然に恵まれたこの地域は、南三陸金華山国定公園の一角を占めている。

しかし一方で、リアス式海岸は湾内に押し寄せる波が集中するため波高が高くなり、津波の被害を受けやすい。とくにV字型の湾口を持つ志津川湾の沿岸部では、その影響が顕著だった。

1960年のチリ地震による津波は、「チリ地震津波」と呼ばれる。志津川町ではチリ地震津波に遭った5月24日を「津波防災訓練の日」と定めて、毎年、水門の閉鎖や高台への避難、救護の確認など、町民あげて防災の訓練に取り組んだ。そのため町民は皆、太平洋の向こうに「チリ」という国があることを幼いころから知っていた。しかし、その国の名は常に津波被害という悲痛な記憶とともにあり、暗く重いイメージを伴ってもいた。

財政の規模が大きくはない町にとって、チリ地震津波の傷跡はあまりに大きかった。家屋の流出は312戸、倒壊653戸、農林水産・土木関係の被害額は52億円に上った。町は、道路や公園を約28ヘクタールに及んで整備し、家屋を移転する土地区画整理事業は、8年後には完了した。しかし、暮らしを元通りに立て直し、人々が被った打撃から完全に立ち直るためには、さらに長い歳月を要した。

チリ地震津波から30年を経たころだった。

既に津波被害を知らない世代が町民の半数以上になっていた。大災害の記憶をどう次の世代に伝えていけばいいか。津波はこれまで繰り返し町を襲ってきたように、いつかまた必ずやってくる。そのときに備えて、これまでの教訓を生かし、防災の意識を高めていくことは、町の未来を左右する重要な課題だった。また、同じ地震と津波の被災国であるチリと南三陸の関係を、「悲しみ」の記憶から、そろそろ「友好」の形に変えたほうがいいのではないか、そんな声も町の中から出てきた。

津波の経験のない世代とともに、津波の記憶を受け継いでいく。チリとの絆も確かなものにしたい——志津川町は、チリ地震津波から30年後の1990年に記念行事を行なうことを決めた。

コンドルの記念塔

南三陸町環境対策課参事の西城彰さんは、当時、志津川町役場職員として、このチリ地震津波災害30年記念行事の計画に加わった。この行事をきっかけに、西城さんは、以後、モアイと長く関わることになる。

「30年記念行事からモアイのことを一緒にやってきた同僚は、今回の（東日本大震災による）津波で亡くなって、役場の中で当時のことを知っている人間は、もう私しかいなくなりました」

西城さんはそう切り出して、当時のことを振り返った。

チリ地震から30年経った節目の年に、痛みと苦しみに満ちた記憶を友好と防災の意識に変えて後世に伝えていく。それが、町が念頭に置いたテーマだった。勝倉三九郎町長を先頭に、町は駐日チリ大使館と連絡を取りながら記念行事に向けて検討を続けた。

話し合いの中で出てきたのが、沿岸に整備した松原公園を「チリプラザ」とし、津波を記念するモニュメントを設置するというアイデアだった。

当時の志津川漁港で記録した津波の高さは5・5メートル。このため志津川湾に臨む海岸線には、津波を防ぐために同じ高さの防潮堤を築いていた。それはチリ地震津波を表わす象徴的な高さだった。そこで高さ5・5メートルの記念塔をつくるプランが持ち上がった。

問題はどんな記念塔をつくるかだった。有名な彫刻家に依頼する案も出たが、なかなかまとまらない。当時、建設課にいた西城さんも頭をひねった。あるとき、何気なく机上の紙に塔のイメージ図を描いていた。それは、アンデスコンドルが塔の上で羽を広げている姿だった。アンデスコンドルはチリの国鳥であり、南米の神話やフォルクローレにも登場して重要な役割を果たす。これだ！と思った。

南米大陸の西側を南北7500キロに渡ってそびえるアンデス山脈。その山あいを上昇気流に乗って高く雄々しく舞う姿。両翼を広げると3メートルにも及ぶアンデスコンドルは、空を飛ぶ鳥としては世界最大級である。アンデスのフォルクローレ「コンドルは飛んでいく」のもの悲しいメロディーも、1970年、米国のサイモン＆ガーファンクルがカバーして世界的に知られていた。

アンデスの石を使ってつくる津波被害30年の記念塔。その頂きでアンデスコンドルが羽を広げている姿が浮かび上がった。

しかし、アンデスコンドルといっても誰も実物を見たことがない。東京の多摩動物公園にいるとの情報を得て、ブロンズ制作を依頼した富山県の高岡銅器の作家を連れて行き、まる一日アンデスコンドルを観察してもらった。

友好のメッセージ

コンドルとともにチリを象徴するモニュメントとして浮かび上がったのが、イースター島にあるモアイ像だった。多くの謎を秘めたモアイは、今では誰もがその存在を知る石像であり、強烈な存在感がある。チリを象徴するコンドルとモアイ像を並べれば、チリとの友好と復興・防災のシンボルとして、強く人々の胸にとどまるに違いない。

町はモアイ像の制作をチリ政府に依頼することになった。できるだけ本物に近いモアイを作るために技術者を選定した結果、チリのペドロ・コバルビアス氏の率いるグループが制作することになった。ペドロ氏は祖父から続く石工で、米国をはじめとする海外からの依頼に応じ、モアイ制作の実績を有していた。彼らの手で、モアイ像は首都サンティアゴの北方15キロのコリナという町で、チリ本土に産する黒色輝緑岩を使ってつくられた。

モアイの石像とコンドルの塔を設置する場所は、太平洋に面する松原公園（通称チリプラ

松原公園のモアイ像とコンドルの塔

ザ）である。ここはチリ地震津波が来る前は、白い砂浜と松並木が美しい景勝地だった。復興事業で防潮堤を設け、手前に続く遠浅の海を埋め立てて公園とし、近くには野球場や公民館、陸上競技場などを建設した。

コンドルの記念塔は、高さ５・５メートルの鉄筋コンクリート製の円塔の周りにアンデス産の石板を張った。その上に翼長２・３メートル、高さ80センチのブロンズ製コンドルを、太平洋のはるか向こう、チリのサンティアゴの方向に向けて設置した。

アンデス山脈の花崗岩で造られた台座には、チリ共和国から町へ贈られた「友好のメッセージ」を刻んだ銘板がはめ込まれた。

志津川町の皆様へ

30年前、チリ国南部海岸地帯を襲い、貴町にも、津波の大きな被害をもたらした悲しむべき災害を記念されることに、チリ国民は、深い共感を覚えます。

この記念碑建立は、両国民の友好と相互理解をより深め、そして、将来にわたり、両国間の絆を一層強めていく証となるでしょう。

チリ国民は、この長い歴史を持ち、かつ、友愛に満ちた両国の関係に、深い愛着の念を抱くものです。

駐日チリ大使館

1990年5月24日

モアイ像とコンドルの塔の設置は、被災からちょうど30年後に当たる1990年5月24日に除幕式をするべく計画が進められた。しかし、チリからの輸送の関係でモアイ像の到着が大幅に遅れ、結局、当日はコンドルの塔だけで、駐日チリ大使館の臨時代理大使を迎えて除幕式が行なわれた。

海を渡ってきた友好の使者

1年2カ月後。チリから到着したモアイ像は、頭部と胴部が分かれていた。貨物船でモアイを運ぶ際に大きさの制限があり、頭部と胴部一体では運搬することができない。このため高さ約1・7メートルの頭部と約2メートルの胴体を別々につくってあった。

運搬のためモアイ像を頭部と胴部に分けたこの〝苦肉の策〟が、やがて2011年3・11の津波によって頭部だけが運ばれる結果につながり、町に思わぬ出来事をもたらすことになる。

モアイ像はコンドルの塔の隣に、やはり海の彼方のチリを見はるかす形で立たせた。重量は約12トン。頭部と胴部は直径50ミリのステンレス鋼棒を入れてつないだ。さらに地震で倒壊したりずれたりすることがないように、胴の下部50センチはコンクリート製の台座に埋めた。

モアイの除幕式は、1991年7月27日、志津川湾夏祭りに合わせて行なわれた。この夏祭りは、チリ地震津波で亡くなった犠牲者を追悼するために始まった催しであり、今や地元の夏の風物詩となっていた。町じゅうを伝統の山車《だし》が練り歩き、特設ステージでは郷土芸能が披露される。日が落ちると、海辺を色鮮やかに染め上げる大輪の花火が打ち上がる。

駐日チリ臨時代理大使を迎えたモアイ除幕式、チリプラザには太平洋を越えてやって来たモアイ像をひと目見ようという人々が集まり、手にしたチリの国旗を振って歓迎した。合図とともに大きな白い布が取り払われると、灰色の巨大な石像が現れた。歓声と拍手。ちょうど夕暮れどきで、ライトアップされたモアイ像は夕陽に映えた。

チリからは当時のパトリシオ・エルウィン（翌年からエイルウィンと表記）大統領からメッセージを刻んだ銘板が贈られた。そこには、チリの国民的詩人でノーベル文学賞受賞者のパブロ・ネルーダの詩が引用されている。

志津川町の皆様へ
モアイ像はチリの文明を体現し、この志津川にあっては、ひとつの海、パブロ・ネルーダが詩の中で唄った同じその海を挟んだ両国民の友好の絆の証である。
〝静かなる大地に寄せる青き海、
白き泡立て、ふくよかな岸辺に砕け散る〟

パトリシオ・エルウィン　チリ共和国大統領
サンチアゴ　１９９１年７月27日

別の銘板には「モアイが渡ってきたまち！　志津川町！」と題してモアイ制作依頼の由来を説明し、「モアイは１７０００ｋｍの海を渡ってきた友好の使者」と記してあった。また、広場の片隅に２枚の碑銘板が置かれ、それぞれに「地震があったら津波の用心」「異常な引潮津波の用心」という津波対策の教訓が刻まれていた。

近くの志津川中央公民館では27、28の両日、チリの観光物産展が開かれた。チリワインやチリ料理の試飲会、試食会に多くの町民が押し寄せた。

中でも人々の耳目を集めたのが、モアイ像をまねて作られた５メートルを超すＦＲＰ（繊維強化プラスチック）製の巨像「アイモ君」の登場だった。「ビッグボイス大会」「モアイの鳴き声大会」と称して、大声を競う参加者の声量が１００ホーンを超すと、アイモ君が目を開き、口を開いてしゃべるというユーモラスな仕掛けが会場を沸かせた。イベント会場は６万５千人の人出で大いににぎわった。

これ以来、モアイ像とコンドルの塔は、友好のメッセージを刻んだ銘板とともに四季折々の花で飾られ、ライトアップされた。チリプラザは町民の憩いの場、観光名所として親しまれるようになり、毎年、チリワインなどを販売するイベントも続いた。

記念事業をきっかけに、チリ大使館と町の間で親善交流が始まった。チリ大使館は「チリ共和国賞」を設けて、毎年、町内三つの中学校の卒業式で優秀な生徒に対して賞状を贈った。子どもたちにとってチリは、その国情や文化をくわしくは知らなくても、町とは特別な関係にある国として身近な存在になっていった。

「モアイの町」をつくる

ともに地震と津波の被災国であるチリと日本。その復興と友好・防災のシンボルとして設置したモアイを町おこしに活用する計画が持ち上がった。町が中心となって「モアイ町づくり推進協議会」を立ち上げ、毎年予算を組んで「モアイの町」づくりが始まった。

折りから総合保養地整備法（リゾート法）が制定され（１９８７年）、竹下登内閣の「ふるさと創生事業」（１９８８年）で地方の活性化が謳われた時代だった。

南三陸町副町長の遠藤健治さんは、当時、志津川町企画課の職員として、モアイの町づくりに携わった。チリ地震津波当時は中学１年。造船所近くに住んでいた遠藤さんは、濁流にのまれた船がバリバリと家屋をなぎ倒す情景を「映画のワンシーンを見るように」高台から眺めていたことを覚えている。

推進協議会が地元特産品を活用して制作したモアイグッズは、実に多彩だった。モアイをかたどった南部鉄製の文鎮やキーホルダー。登米《とめ》玄昌石《げんしょうせき》、雄勝《おがつ》石を使ったモアイ硯《すずり》石。仙台埋もれ木を使ったタイピンやカフスは試作品を作って遠藤さん自ら身につけた。大学の研究者に日本におけるモアイの活用状況やグッズの販売状況調査を依頼し、グッズはホテルや観光プラザで販売した。

当時の週刊誌に「モアイとは現地語で〝未来に生きる〟を意味する」との記事を見つけた。「まさしく私たちも、未来を託されて生き残った者として、未来を見つめて生きなければならない」と遠藤さんは思った。

役場の封筒や職員の名刺には、3体のモアイをかたどったイラストと、「『モ＝未来』『アイ＝生存』『モアイ＝未来に生きる』」のロゴがプリントされた。

下水道のマンホールには、モアイを中心にサケ、アワビ、ワカメなどの特産品をデザインした。町の主要施設や観光施設の誘導表示、福祉の里などの施設サインにもモアイを活用。志津川駅前にはステンレスでモアイの横顔を模したオブジェを設置した。

国道の改良工事に伴ってつくった戸倉地区の「さわやか公園」簡易パーキングには、2体の大きなモアイ像を置いた。高さ4・5メートル、幅1・5メートル。一見、石像に見えるが、素材はFRPである。

当初、モアイの普及は町の主導で行なわれたが、やがて住民の間にも広がっていった。翌年の志津川湾夏祭りには、アイモ君の頭部だけを載《の》せた〝モアイみこし〟が登場、そのおどけた風貌が町民の笑いと拍手を誘った。

このアイモ君を作ったのは、現在、南三陸町入谷公民館館長をしている阿部忠義さんだ。もの作りが趣味で、アイモ君は、チリのモアイ像に対抗心を燃やして作ったものだという。モアイのブロンズ像や陶器も作った。Tシャツにプリントしたオリジナルのモアイは、サングラスでロン毛（長髪）という、やはり遊び心あふれたものだった。阿部さんは当時を振り返る。

「モアイの存在は大きかったなぁ。チリへの思いもあって、いつかイースター島に行こうと、みんなで話しても

上：モアイをデザインしたマンホールの蓋
左：志津川湾夏祭りに登場した“モアイみこし”（1992年）

いたんだ」

志津川湾に浮かぶ島々のうち、袖浜海岸沖の海面から顔を出す岩礁は、モアイを仰向けに倒したように見えるため、地元ではいつのころからか「モアイ岩」と呼ばれるようになった。

地球の反対側で生まれたモアイが、この地にゆっくりと深く浸透していった。

志津川湾の“モアイ岩”

モアイの〝卵〟

現在、日本の各地にモアイ像が立っている。

奈良県天理市は、市役所前に高さ３メートルのモアイを飾っている。１９７０年の大阪万国博覧会会場のチリ館前に置かれたチリ政府監修の石像で、チリのラ・セレナ市と姉妹都市提携を結んでいた天理市に、新市庁舎落成・わかくさ国体開催記念として、チリ政府から寄贈されたものだ。

宮崎県日南市のサンメッセ日南に並ぶ7体は、イースター島のアフ・アキビにあるモアイを完全復刻したもので、イースター島の長老会が特別に復刻を許可したという。

観光名物や街の指標としてのモアイは全国各地で使われているが、南三陸町ほど町のあちらこちらでモアイを見かける町は他にない。その中で、南三陸町入谷の八幡川にかかり、「モアイの橋」として知られている館下橋《たてしたはし》には、ちょっと面白いエピソードがある。

両端の親柱のうち2本はモアイをかたどった石像になっている。この花崗岩のモアイ像を彫ったのは、地元の「鈴木石材店」社長の鈴木与三郎さんだった。チリプラザの記念碑の石の加工を請け負ったのが、この鈴木石材店だった。

県の事業で架けた橋の親柱に、モアイ2体を設置することになった。高さ1・6メートルと小ぶりで、イースター島のモアイとは少々違い、にっこり笑顔になっている。鈴木さんはミニチュアの木彫モアイをモデルに彫り上げた。

南三陸町・館下橋のモアイ像（上）と繭をかたどった石像

反対側の親柱には、「繭《まゆ》」をかたどった石像を設置した。南三陸町の入谷地区は、仙台藩養蚕発祥の地とされる。繭の石像は、地元の名主で養蚕の技術を仙台藩に広めた「養蚕の始祖」山内甚之丞《じんのじょう》（1695―1778年）を顕彰するためだった。

蘒の石像の制作は福島の石材店に依頼した。できあがって設置された蘒は、蘒というよりも少し細長い卵のように見える。備え付けの銘板には、蘒の由来がしっかり記されていたが、地元の子供たちはこれを「モアイの卵」と呼ぶようになった。それが新聞にも紹介され、今では「卵」が定着してしまった。

高校生たちの町おこし計画

モアイがやってきてから14年を経た2005年、志津川町は隣接する歌津町と合併し、南三陸町が誕生した。

チリプラザに設置されたモアイは、志津川町がチリに求めて設置した地元のシンボルである。その経緯から考えれば、歌津町の人々にとってはなじみの薄い存在であり、歌津には別の地元シンボルがあった。このため、合併を契機に、志津川町が進めてきたモアイによる町おこしは、いったん〝封印〟された。

隣り合ってはいても、それぞれの町は独自の歴史と文化を持っている。別々の行政単位で長年やってきた二つの町が行政的には合体しても、住民レベルで一体感を持つことはそう簡単ではなかった。志津川町にしても、1955年にやはり隣接する入谷村、戸倉村と合併してできた町である。これは全国の市町村合併によって生まれた自治体が、大なり小なり共通して抱える課題だともいえる。

合併から5年後のことだった。モアイを南三陸町のシンボルとして再び町おこしに活用できないかと考える若者たちが現れた。宮城県立志津川高校の情報ビジネス科でマーケティングの授業を選択した3年生8人である。彼らが2010年4月から課題研究の一環として立ち上げたのが、「南三陸モアイ化計画」だった。

人をかたどった巨大な石像モアイは、強い存在感、神秘性と威厳、そしてどこか憎めない風貌を併せ持っている。突出して〝キャラの立った〟モアイは、南三陸町を象徴する人気者として内外に発信するパワーを持っている。そのパワーを町の活性化に生かすことを狙った野心的なプランだった。

モアイは住民にとってごく身近にある存在である。しかし子どもたちは、なぜ南三陸町のここかしこにモアイがあるのか、その理由を知らない。ましてや歌津地区から入学してくる志津川高校の生徒には縁遠い存在だった。だったら、逆にモアイを仲立ちとして町の一体化を図ることができるのではないか。歌津にしても、志津川と同じく地震と津波の被災地域である——町の文化と歴史を調べた生徒たちは、いわば逆転の発想で計画を立ち上げた。

町のPRや雇用創出といった町の活性化だけではない。モアイ化計画は防災意識の高揚やチリとの友好、異文化理解を深めることにもつながるはずだ。それはこの町のモアイ像の本来の目的だった。

モアイ商品の開発

生徒たちがまず着手したのは、地元の名所や観光スポット、特産物、季節のイベントなど、南三陸町の〝売り〟となるものに何があるのかを調査することだった。地元を活性化させるには、まず地元のよいところを知る必要がある。

これをもとに、モアイをアニメの登場人物のようにキャラクター化してみた。たとえば「銀鮭たこモアイ」。地元の特産品である志津川タコを頭に載せ、ギンザケを手に持っているモアイだ。

「魚竜ライダー」は「歌津魚竜（ウタツサウルス）」をサーフボードにして波に乗っている。魚竜はイルカに似た絶滅種の大型海棲爬虫類で、歌津のシンボル的存在ともいえる。約2億4000万年前の世界最古級のウタツサウルスの化石が歌津の海岸で発見されたからだ。

モアイに部活をやらせたらどうか。モアイが地元で働いたらどうか。とにかくこの町に関わりあるものを思いつく限りモアイキャラにした。野球選手、サッカー選手、警察官や自衛

志津川高校生がデザインしたモアイのキャラクターたち
左側上から2番目が「銀鮭たこモアイ」、3番目が「魚竜ライダー」

隊員、郵便局員、船長、コック、魚屋、大工……。モアイキャラは変幻自在だった。デザインを手がけたのは、当時3年生の髙橋和也さん。キャラクターづくりのポイントを「石のモアイは見た目が硬そうなので、ドラえもんのようにやわらかい丸みをもたせることを考えました」と言う。

生徒たちが次に考案したのは、オリジナルの〝モアイ商品〟だった。モアイの形をした最中《もなか》アイス「モアイス」、地元で採れたワカメやフノリといった海藻を最中皮で包んだ「即席モアイ汁」、鯛焼きならぬ「モアイ焼き」、焼き菓子の「モアイクッキー」「モアイフリアン」。それぞれ試作品をつくってみた。

その際、高校生たちをサポートしたのが、「南三陸まちづくり海社」だった。地元商店街やコミュニティの活性化、高齢者・障害者福祉に向けて立ち上げた町おこしのための組織だ。メンバーの中心は、モアイが見える松原公園内グラウンドで練習をしていた野球仲間だった。

プレゼンの成功

計画の次の課題はマーケティングと情報宣伝だった。すなわち住民の間にどれほどモアイが浸透しているかを調査し、商品化の可能性と課題を探る。そして、みんなで考えた南三陸モアイ化計画を町の人々に伝え、応援してもらう――。

絶好の機会があった。まちづくり海社の企画で２０１０年11月に地元で開かれた「大漁市」だ。生徒たちは大漁市に自分たちのブースを設置させてもらった。町で商品を買うたびにもらえるスタンプを貯めた人にモアイストラップをプレゼントした。

参加者に実施したアンケートの好結果に勇気を得て、生徒たちは月ごとにモアイキャラが並ぶオリジナルのモアイカレンダーを作り、年末に地域の商店や企業、学校などに配った。もっとこの計画を広めていこう。翌２０１１年２月20日、生徒たちは志津川公民館で、町民に向けて南三陸モアイ化計画のプレゼンを実施した。商工会や役場の関係者、地域の住民ら30人ほどを前に、モアイを核に据えたアイデアを次々に紹介した。

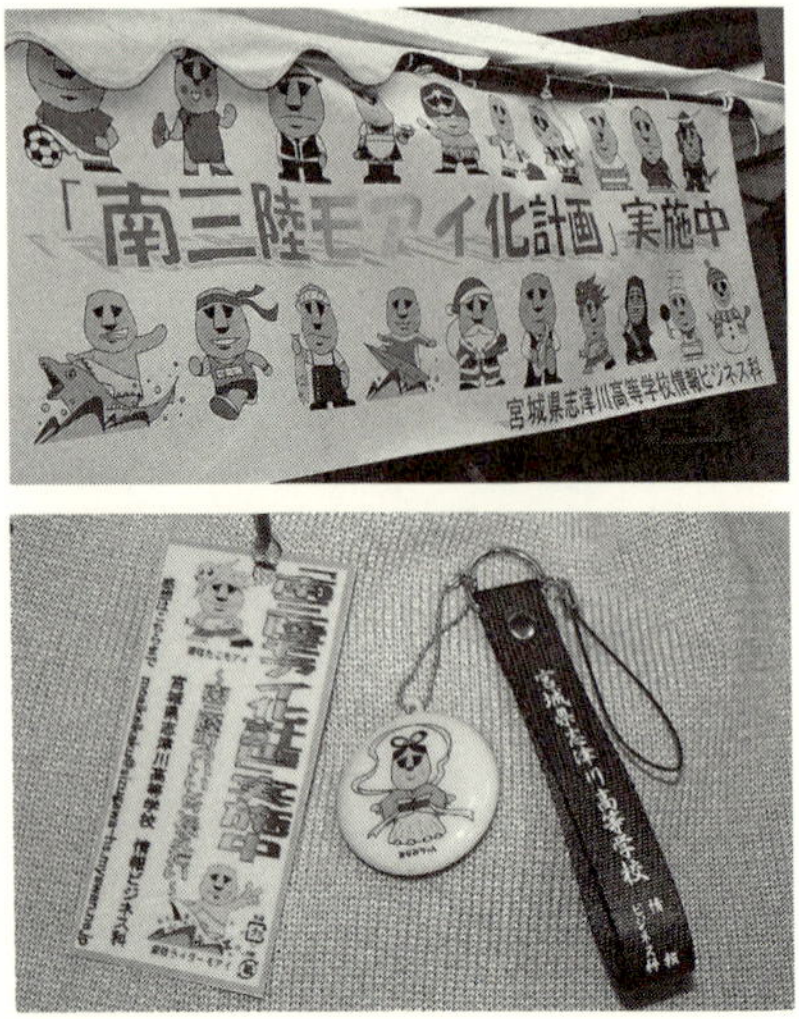

大漁市ではモアイの携帯ストラップ（下）を配布

町の菓子屋さんはモアイクッキーやモアイせんべい、かまぼこ店ではモアイかまぼこやモアイ揚げ、酒屋さんはモアイ酒をそれぞれ販売する。町役場は「モアイアスロン」と銘打ったトライアスロンを企画する。宿泊施設ではモアイストラ

大漁市で志津川高校の「南三陸モアイ化計画」をアピール（2010年11月）

ップやモアイコースターなどのお土産をつくる。

さまざまなアイデアがどんどん湧いた。しかも遊び心を持ってたのしくできる。モアイスタンプラリー、モアイデザインコンテスト、モアイナンバープレート、モアイポスト……。今後の取り組みとして、モアイマップ、モアイキャラクターの名称募集、モアイ弁当コンテストも考えられる。みんなが意見交換する場として定期的に「モアイサミット」を開催し、地域全体の方向性をより確かなものとすればいい。

「よりよい町づくりのために、高校生と大人が話し合い、未来の南三陸町について考える。そんな試みをみんなでやってみませんか」。そう呼びかけながら、生徒たちが考案し、町の洋菓子店で試作してもらったモアイフリアンを配り、計画への参加を働きかけた。

とはいえ、3月に自分たち3年生は卒業する。この計画を2年生に引き継いでいかなければならない。

「私たちがしてきたことは、あくまできっかけづくりです。これからが本当の意味での取り組みになります。下級生には私たちの分までがんばってほしい。このモアイ化計画が現実のものとなるには、十分な検討が必要だし、時間がかかると思います。でも少しずつでも取り組んでいけば、必ず成果が現れるはずです」

プレゼンは大成功だった。地元新聞「三陸新報」は、高校生たちの取り組みを一面トップで取り上げて、計画推進の気分を大いに盛り上げた。

焼き菓子のモアイフリアンは、その年の5月に発売する予定となった。試作した地元洋菓子店のパティシエ阿部雄一さんは、志津川高校の商業科（現・情報ビジネス科）OBだけに、「後輩が町を思って起こす行動に、自分も協力したいという気持ちになった」と言う。

しかし、モアイフリアンの発売は実現しなかった。プレゼンから20日も経たない3月11日、巨大地震と大津波がこの町を襲ったからである。

第2章　がれきの中から

未曾有の災害

２０１１年３月11日午後２時46分に発生した東日本大震災は、日本の自然災害史上、未曾有の被害を記録して日本社会を根幹から揺るがした。

震源は宮城県牡鹿《おしか》半島の東南東沖１３０キロの海底。マグニチュード９・０という日本の観測史上最大の規模だった。震源域は岩手県沖から茨城県沖までの南北約５００キロ、東西約２００キロという広域に及び、揺れは２００秒以上も続いた。宮城県栗原市では全国で最大の震度７を記録した。

被害を大きくしたのは地震による津波だった。陸地を駆け上がった津波の高さは、観測史上最高の40メートル超に達し、東北、関東地方の太平洋沿岸部に壊滅的な被害をもたらした。死者・行方不明者は約１万９０００人。震源に最も近い宮城県が半数を占め、岩手、福島と３県でほとんどを占めた。死因の９割以上が水死、全体の約６割が60歳以上だった。建築物

東日本大震災前の宮城県・南三陸町（撮影：佐藤信一）

の全壊・半壊は39万戸以上。ピーク時の避難者は約47万人で、大震災から2年以上経過した2013年5月も、避難者数は30万人を超えている。

地盤沈下や液状化、ダム決壊、交通網の寸断なども伴って、政府は震災から3カ月後、震災による直接的な被害額を16兆9千億円とする推計を発表した。

被害をさらに深刻にしたのは、福島県の東京電力福島第一原子力発電所が津波の直撃を受けたことだった。1～3号機でメルトダウン（炉心溶融）が発生。水素爆発によって1号機と3号

機の原子炉建屋が吹き飛んで、大量の放射性物質が大気中にまき散らされた。原子力事故の国際評価ではチェルノブイリ事故と並ぶ最悪のレベル7と判断された。周辺一帯の住民は長期の避難を強いられ、放射性物質で汚染されたがれきの処理や除染、長期に及ぶ健康被害の恐れといった課題は、将来にわたって重くのしかかる。

以上は統計上の数字で表わされた災害の概要である。この数字の向こうに一つひとつの町があり、一人ひとりの人間がいる。具体的な日々の生活がある。そのうち記録に残され、伝えられるのはごくわずかである。

鉄骨だけの防災対策庁舎

その日、南三陸町は町議会の最終日だった。役場には佐藤仁町長をはじめとする職員約40人と町議らがいた。閉会のあいさつの途中、長く巨大な揺れに襲われた。職員らは急いで近くの防災対策庁舎に向かった。

庁舎2階の防災無線の放送室では、危機管理課職員の遠藤未希さんが防災無線のマイクを握って、町民に高台への避難を繰り返し呼びかけていた。

「大津波警報が発令されました。

津波で鉄骨だけとなった南三陸町の防災対策庁舎（撮影：佐藤信一）

6メートルの津波が予想されます。早く高台に避難してくださ い」

防災無線が30分も続いたころ、ゴーという地鳴りのような音をあげながら、3階建ての庁舎に膨れあがった濁流が迫ってきた。

職員たちは屋上に続く階段を駆け上がった。まもなく津波の奔流が屋上を激しく叩いた。水位がぐんぐん上がり、猛烈な水圧に押される。屋上の床上約2メートルの高さまで海水にのまれた。何人かは無線アンテナにしがみつき、手すりをつかんで必死に耐えた。寒さに凍えながら一昼夜、救助を待った。

防災対策庁舎に避難していた職員や関係者は51人。そのうち42人が犠牲となった。津波到達の直前まで無線で避難を呼びかけ続け、自らは津波にのまれて行方不明となった遠藤さんは遺体で発見された。24歳。前年の夏に結婚したばかりだった。

津波に襲われて赤い鉄骨だけとなった防災対策庁舎は、津波の激しさと被害の大きさを物語るシンボルとして繰り返し報道され、以後長く弔問者や献花が絶えることはなかった。

高校生らの老人救助

志津川湾の海岸から約1キロ、標高15メートルの高台にある特別養護老人ホーム「慈恵園」にも津波は容赦なく押し寄せた。濁流が家々をのみ込みながら迫ってきた。

同じエリア内には知的障害者のための「のぞみ福祉作業所」があった。シルバー人材センターの事務局長だった鈴木清美さん（男性）は、作業所にいる息子を含む利用者たちを連れて、さらに20メートル高台にある裏手の志津川高校に向かった。

慈恵園には寝たきりや車いすの高齢者67人がいた。「誰か手を貸してください！」と職員が必死で叫ぶ声が聞こえた。高校への坂を上るとき、部活をしていたユニホーム姿の高校生たちが駆け降りてきた。鈴木さんは彼らに声をかけた。

「津波がホームまで来た。中に人がいる。助けてくれ」

救助する班と、救助した人を学校まで運ぶ班の二つに分かれ、高校生たちはお年寄りたちを建築用の合板や学校のカーテンを担架代わりにして次々と運び出した。

ちらついていた雪が降りしきる雪に変わった。鈴木さんは眼鏡をなくし、町は霞がかかったようにぼんやりとしか見えなかった。家々が建ち並んでいた一帯が広い沼のようになっていた。

高校生たちは坂道を上り下りして、ホームと学校を往復した。そのときの様子を志津川高校3年の野球部の生徒が手記に残している。長くなるが、一部を引用する。


　車に挟まれて動けなくなっている人、泥をのみこんで息ができなくなっている人、見たことのない怪我をしている人がたくさんいました。また、「神様助けて」と泣き叫びながら祈っている人もいました。老人ホームの中はぐちゃぐちゃで水が私の太ももあたりまで来ており、サイレンの音がジリジリ鳴り、電気コードが切れて火花も散っていました。その光景はまるで、映画を見ているようでした。

　そんな中、「第二波が来るぞ!・早く逃げろ!!」という声が聞こえ、まだ救助途中でしたがそれをしていては間に合わないと言われ、すまないと思いつつ上へ戻りました。上から老人ホームが波にのみこまれるのを見て、「まだ助けを求めている人がいるのに……」と思うと、今でも後悔しています。今振り返ると、怖い気持ちもありましたが、助けに行かなければと考えて、とにかく必死でした。

学校に入ると保健室から1階の廊下一面、避難者や怪我人でいっぱいでした。私は何人かの生徒と部室にある毛布や衣類を取りに行きました。部室にはカギが閉まっていたのでガラスを手で割ってドアを開け、毛布や衣類をすべて取り出し、保健室まで運びました。また、弓道場の畳をリヤカーで運びました。先生たちは校庭の真ん中の雪をかき、手で石灰をまいて、SOSという文字やヘリポートを書いていました。3階の美術室からは教科書や木でできた椅子を下に投げ、火をたく材料として集めました。次第に暗くなると、明かりもなく何もできなくなり、生徒は学校にある合宿所で一晩を過ごしました。みんな雪で体が濡れ、衣類も避難者にあげたので薄着でした。余震がくる度に怯え、家族や友人が心配で泣いている生徒もたくさんいて、落ち着きを取り戻すのに精一杯でした。結局私も家族と連絡が取れない不安から、その夜は眠れませんでした。

その夜、野球部の2人が学校の上にある団地まで食料を要請しに行きました。いつもは山を登って5分ぐらいで行けるのですが、雪が降り、周りが暗く迷って片道1時間以上かかり、帰ってきたときには夜中の12時をまわっていました。そうしてその日やっと届いた食料でしたが、避難者数に比べて量があまりに少なく、小さいおにぎり一つを3人で分けて食べました。

夜が明けると、大津波を見た高台へ友人と町を見に行きました。そこには今まで見ていた町はなく、船や車のがれきや泥だらけで、まるで戦争のあとのようでした。私たちは何も言葉が出ませんでした。自衛隊のヘリが校庭のSOSという文字に気付いてやってきたので、私は負傷者を搬送する手伝いをしてから、夜に火をたくための木材を探しに、学校の下までがれきをかき分けながら下りて行きました。排水のにおいが充満し、臭くて歩くだけで精一杯でした。途中、老人とサラリーマンの方の遺体を見ましたが、その時のことはショックすぎてあまり覚えていません。頭の中が真っ白になり、友人も私も具合が悪くなって、すぐ学校に戻りました。その後生徒は下に行くことを禁止され、合宿所にこもるように言われましたが、何かしたいけれど何もできない自分たちにもどかしさを感じました。その日も食べ物はなくて、飲まず食わずの一日でした。ある先生は赤ちゃんのミルクとおむつを取りに、隣町の登米市まで徒歩とヒッチハイクで行きました。朝早く出発して、学校に帰ったときには夜になっており、いつもは弱音を吐かないその先生も体はボロボロで疲れ果てていました。

「東日本大震災を経験して」　長田滉平

高校生たちは寝たきりや車いすの人たち28人を運び出した。そのうち寒さなどで8人が、その日のうちに息を引きとった。老人ホームを襲った海水は建物内をめちゃめちゃに破壊し、結果的にホームの入所者ら49人の命を奪った。生徒たちに声をかけた鈴木さんは話す。

「もう一波くるぞと津波警報が発令された。早く高校へ上れと叫んでいるその一方で、ホームへ降りて助けを指示したことが正しい判断だったのかどうか。もし次にもっと大きな波が来ていたら、取り返しのつかないことになっていただろう。あるいは、まだ16、17の子どもにむごい遺体を見せてしまった。そんな衝撃的な体験をさせたことが、はたしてよかったのか。でもこれは異常事態であり現実なんだ、おまえたちはこんな災難を経験したんだ、これもひとつの人生なんだ……そうも考える。今もはっきりした答えは出ません」

教職員たちの尽力

3月11日の志津川高校は、入試処理作業のため午前中の生徒の登校を禁じていた。午後からは部活動のため100人ほどの生徒が登校していた。高台にある学校には、町の人たちが車や徒歩で続々と避難してきた。教職員40人は一丸となって対応に当たった。指揮をとった佐藤孝喜教頭は、当時のことを克明に手記につづっている。

生徒や避難者を体育館、合宿所、教室などに誘導し、けが人や病人は保健室に運んだ。生徒、教職員、避難者は計４８５人にのぼった。その中には慈恵園から助け出された人もいた。

教職員たちは知恵をしぼり、臨機応変に事態に対応した。まず暖を取らなければならない。丸ストーブを運び込み、教室のカーテンや暗幕、段ボールなどを防寒用に配付した。調理室にあったアルミ椀に少量のサラダ油とこよりを入れ、ろうそく代わりにした。水洗トイレの水不足に対応するため、プールの水を汲んでおくよう生徒に指示した職員もいた。校庭で美術室の木製の椅子や机でたき火をして、暖を取りながら遭難信号にした。

携帯電話は通じず、外部との連絡手段は絶たれていた。唯一の情報源であるラジオから各地の被災状況が伝えられた。しかし、全校生徒４００人のうち残る３００人はもちろん、校内の生徒、教職員の家族の安否はまったくつかめなかった。

町職員と高校職員は避難者たちが肩を寄せ合う教室や体育館を見回り、２時間ごとに連絡事項を伝えた。避難者たちはその説明を聞き漏らさぬようにじっと耳を傾けた。夜が深まっても誰も眠りにつけず、相次ぐ震度3～４クラスの余震におびえた。それぞれが張りつめた思いで時を過ごした。

夜、ラジオは仙台市の荒浜で２００人以上もの遺体が見つかったという情報を報じていた。ソファや床に横たわっていると、何度も遠くの地鳴りが次第に近づいて来るのがよくわかった。それはラジオから流れる緊急地震速報よりも確実に地震の到来を伝え、絶え間ない余震に恐怖がやわらぐことはなかった。

深夜、佐藤教頭は外へ出てみた。手記にこう記した。

「満天の星空だった。まったく街灯りがなく真っ暗闇だった。見たこともないような、まばゆいばかりのきれいな星空だった。初めて運命を呪う気持ちになった。悪い夢でも見ているのではないかという言葉は本当にあるのだと思った」

翌日午前6時半、校庭のSOSを見つけた自衛隊のヘリが着陸し、まず重病人の4人を緊急搬送した。午後には数人の陸上自衛隊員が食料を運び込んできた。周囲のあらゆる道路が寸断され、2キロほど離れた入谷地区から山中に入り、2時間以上、藪をかき分けてたどり着いたという。志津川高校は陸の孤島となっていた。

3日目から生徒の安否確認を始め、少しずつ無事を確認できた生徒数は増えた。献身的に立ち働く教職員も被災者である。家族や自宅の様子がずっと気がかりだった。疲労も極みに達していた。2日間に分けて半数ずつが一時帰宅する措置がとられた。

日を追うごとに、体育館には届いた支援物資が積まれた。数十人の陸上自衛隊員も寝泊まりしていた。人々の支援と善意があふれた体育館で入学式が開かれたのは4月21日だった。

積まれるがれき

南三陸町のチリプラザに設置されたモアイ像はどうなったのか。1960年のチリ地震津波から30年を記念する事業で設置されたモアイ像とアンデスコンドルの記念塔だ。

被災を免れた志津川高校教諭の佐々木宏明さんと実習助手でサッカー部監督の茂木安徳さんは、津波に襲われた公立志津川病院に食料を届けたあと、寒風にさらされながら海岸沿いのがれきの中を、モアイ像を探して歩いていた。震災直後は足の踏み場もなかった一帯に、自衛隊員と地元住民が車一台どうにか通れるほどの道をつくってくれていた。

同じ公園内に置かれていた蒸気機関車はグチャグチャにひしゃげて横たわっていた。やがてふたりが目にしたのは、頭部が失われ、台座に一部が埋まる胴体だけとなった無惨なモアイ像の姿だった。胴体と頭部をつないでいた直径50ミリの鋼管はぐにゃりと曲がっていた。

頭はどこに行ったのだろう。あたりを探しまわると、もともとあった場所から陸側へ50メートルほど離れたがれきの中に、人面をした石塊が転がっていた（口絵の写真参照）。

モアイと並んで立っていた記念塔のブロンズ製コンドルは、鉄筋を入れた柱身だけを残し、張り石とともに波にのまれて失われた。同じ場所にあった記念の銘板のいくつかも波に持ち去られた。

南三陸町が持っていたモアイグッズの数々は、庁舎とともにすべて失われた。戸倉簡易パーキングに設置されたFRP製のモアイ像2体は、腹部にぽっかり穴が空き、痛々しい姿をさらした。

町のがれき集積場になったチリプラザには、それから日増しにコンクリ片や建築廃材が積み上げられていった。

繰り返される悲劇

南三陸町の震度は6弱だった。志津川湾に押し寄せた津波は町内の三つの川を逆流し、内陸深く進入した。濁流は海から内陸に4キロまで攻め入り、市街地の役所、病院、学校、商店街、住宅街すべてを打ち砕いた。全半壊の住宅・建物は約3300戸。一部鉄筋の建物を残し、全建造物の7割ほどが流失した。

波高は場所によって20メートルに達し、船や車をビルの屋上に打ち上げ、山肌を削り、町内を走るJR気仙沼線の線路を寸断。鉄橋は崩落し、五つの駅すべてが全半壊した。5階建ての公立志津川病院は高さ15～16メートルの4階までが津波にのみ込まれ、入院患者や看護

津波で腹部に穴が空いたFRP製のモアイ

師ら75人が死亡、行方不明となった。

一帯には魚などの腐敗臭と焼けこげた臭いが漂った。時化《しけ》るたびに連日、海岸には遺体が打ち上げられた。日に日に判明する死者数は増え、南三陸町の人口約1万7700人のうち死者・行方不明者は800人以上に上った。

地震による地殻変動で志津川地区の地盤は水平方向に約440センチ動き、75センチ沈下した。堤防は決壊し、町沿岸部は満潮時や高潮のたびに道路が冠水して水浸しとなった。

南三陸町では全世帯の5分の1が漁業に携わっていた。漁業に従事する就業者約1600人の多くは65歳以上の男性だ。志津川支所に登録された漁船約1000隻のうち9割は震災直後に操業不能となった。

町の各所には、1960年のチリ地震津波の波高を示す水位標識が立っていた。「それ以上の津波は来ないだろう」という思いこみが被害を拡大した側面がある。一方で「揺れがなかったチリ地震のときでさえあれだけの津波が来た。これだけ揺れれば、きっと大津波が来る」と警戒する町民もいた。

津波で町が壊滅的被害を受けるたびに、人々は高台に移り住む。しかし、時とともに被災の記憶が薄れていくと、三陸の豊かな海の幸に引き寄せられるようにして海辺に移る。高台と低地への移住は繰り返され、悲劇もまた繰り返されてきた。

壊れた心

災害による被害の規模は、数えることのできる犠牲者や損壊した建物などの数によって計られがちだ。しかし、失われたのは目に見えるものだけではない。人間関係や共同体のつな

2011年3月11日の大津波は南三陸町を破壊し尽くした（撮影：佐藤信一）

がり、社会的なネットワークまでが断ち切られ、壊れた。そして人の心も損なわれた。

　南三陸町役場参事の西城彰さんは、歌津の庁舎手前で車を運転しているときに津波に遭った。バックミラーを見ると、家々を壊しながら波が迫っていた。どこまで走っても波が追いかけてくる。あまりのことに、自分の生命が危険にさらされているという現実感さえなかった。九死に一生を得たものの、家族や同僚の安否は分からず、情報も入らない。何も考えられなかった。

　津波は町から音と光を奪った。日が落ちると、町は塗り込めたような闇と不気味な静けさに浸された。その夜10時過ぎに市街地に降りていった。懐中電灯を振ってみたが、何も反応はなかった。合同庁舎近くで蠟人形のようになった遺体を見た。あまりの無惨さに、もはや恐怖も感じなかった。

　昨日までそこにあった家々や商店、施設が一夜にして何もかもなくなった。西城さん自身、父を亡くし、海からは離れていたが自宅も失った。

　震災後から夢を見なくなった。父の夢も、津波の夢も、被災地の夢も見ない。涙が出なくなった。4月、きれいな桜を見れば涙が流れるのではないかと思ったが、桜が満開となり、散っていく姿を見ても、やはり何も感じなかった。悲しいことを悲しいと思えず、美しいものを美しいと感じられない。そんな日々が長く続いた。

「人間の運命ってなんでしょうか。これだけ科学技術が進歩した時代に、津波に対して私たちは誰も何もできなかった。生き残った人も津波にのまれた人も、そのとき居た場所ですべて決められた。そこに人の意思はなかった。庁舎に入るのが1分早くても1分遅くても、今の私はなかった。なぜそのとき私はそこにいて、今ここにいるのか。人の運命とはなんだろうと思います」

地球の反対側で

3・11の悲報と被災地の様子は世界中に伝わり、各国から被災地に支援の物資や救援隊、義捐金が多数寄せられた。

地球の反対側のチリ共和国も衝撃を受け、各メディアは連日トップニュースで被災の様子を伝えた。そのわずか1年前、チリでもマグニチュード8・8の巨大地震と大津波によって500人以上の犠牲者が出たばかりだったからだ。その傷と記憶は、まだ生々しいままだった。

地震は2010年2月27日午前3時34分（現地時間）、チリ中南部のコンセプシオン沖で起きた。チリでは観測史上最大だった1960年の地震に次ぐ規模で、沿岸部には高さ5～9メートルの津波が押し寄せた。津波の遡上高が30メートル近くに達した地域もあった。

2010年のチリ大地震による津波で町の８割が破壊されたディチャト
（写真提供：毎日新聞社）

サンティアゴでは高速道路や空港、マンションなどの建物が倒壊し、大規模な停電によって首都機能が麻痺した。津波に襲われた沿岸部の漁村では、道路や通信網が絶たれて情報が長らく遮断された。そのため、死者数を含む被害の実態把握に混乱が生じた。震源地近くのタルカワノ港では、６８０個あまりのコンテナが漂流し、家屋に衝突して二次被害を招いた。

被害を大きくした原因の一つは、津波警報の遅れだった。さらに市民の混乱に対する政府の非常事態宣言の遅れ、軍の治安維持活動の遅滞にも非難が集中した。

今回の地震発生はちょうど50年前に起きた地震の震源域北側に当たる。１９６

0年当時3歳だったチリ・アウストラル大学のカルロス・ロハス教授（地理学）は、バルディビアの町で両親と祖父母の家を失った。

「日本（の東日本大震災）で被害を受けた地域と同じように、このあたりは何度も大地震と津波による被害を受けてきました。ここは人口密度が低かったため地震の規模に比べて死者数は少なかったけれど、どちらも世界で最も地震頻度の高い地域です。今後も地震は起きるでしょう。私たちが学ぶべきは自然と共存すること。前の世代の経験を生きる手本として受け継ぎ、その知恵と教えを次の世代に伝えていかなければなりません」

たとえば、２０１０年のチリ地震で保養地ディチャトでは、3度襲来した津波によって8割近くの家屋が損壊した。最大波は第1波ではなく、発生から数時間後に来た波で被害を受けた地域が多かった。しかし、ディチャトの南に位置するタルカワノの住民は「津波は3度来る」という地元に伝わる言い伝えを守り、警報が解除されても家に戻らなかったという。

東日本大震災でも、「津波てんでんこ」という三陸地方に伝わる言い伝えに、あらためて注目が集まった。「てんでんこ」は「ばらばらに」を意味する方言で、「津波てんでんこ」は「津波が来たら他人にかまわず、それぞれ必死に逃げよ」を意味する。地球の真反対の場所で、それぞれ地震に見舞われた先人たちは、その経験をもとに次代への貴重な教訓を残した。そして手ひどい災害に見舞われながらも、繰り返し再生してきた。

まさかの友は真の友

２０１０年の大地震のとき、日本から最も多くの義捐金と支援を受けたチリの人々は、大震災に見舞われた日本に対して、今度は自分たちが何かしなければと真剣に話し合った。

いち早く動いたのは「日智経済委員会」だった。日本とチリの財界人からなるこの組織は、30年以上にわたって両国の経済交流を図ってきた。そのチリ側委員長であるＣＡＰ社（太平洋製鉄）のロベルト・デ・アンドラカ会長が東日本大震災に受けた衝撃は大きかった。

アンドラカ会長の日本への思いは深い。40年ほど前に初めて日本を訪れて以来、既に80回以上、訪日している。ビジネス上の関係を超えて、日本の精神と文化に大きな影響を受けてきた。

アンドラカ会長は、すぐに駐チリ日本大使館を訪れ、自らの思いを伝えた。「私たちも動揺し、茫然自失している状態だが、できる限りの支援をしたい」

会長は既に複数の政府高官と電話でやりとりをしていた。フェルナンド・シュミット外務次官は「深い衝撃を受けている。日本国民が陥っている痛みと不安をやわらげるために何かをしたい」と話し、別の政府関係者は「チリが地震に遭ったとき、日本は誠心誠意の支援を送ってくれた。今がそのお返しをするときだ。そして互いの親愛の情を分かち合いたい」と訴えた。

日本で起きた悲劇に対し、アルフレド・モレノ外務大臣主催の追悼式典が４月27日、サンティアゴ市のモネダ宮殿前のシウダダニア広場（旧・ブルネス広場）で開かれ、国会議員や政府関係者、財界人ら５００人以上が集まった。

以前、日本がチリに贈呈したチリ国旗が掲げられ、式典は厳《おごそ》かに執り行なわれた。あいさつに立ったアンドラカ会長が強調したのは、日本とチリ、両国の長く深いつながりだった。

「犠牲者をはじめとする日本国民のみなさんに哀悼の意を表するこの式典は、まことに意義深いものです。両国の関係は、単なる物質的なつながりをはるかに超える精神的な絆で結ばれています。自然の脅威がもたらしたこの悲劇に対して強い責任感と思慮分別を有する態度で立ち向かい、世界の模範となっている日本国民のみ

チリ・サンティアゴで開かれた3・11の追悼式典とその招待状

なさんに対して、私たちは連帯の心と尊敬の念をここに表します」

林渉《わたる》駐チリ日本国大使の感謝の言葉に続いて、モレノ外務大臣は、これまでチリで起きた地震に対する日本からの支援に謝意を示したうえで言葉を贈った。

「地球の反対側に位置するこの国にも、日本で起こった災害に対し、共に憂慮し、心を痛めて状況を見守る友の存在があることを、日本の方々に知ってほしいと願います。惨事に直面しても、日本国民は秩序と他人への配慮と尊厳を失わず、市民としての尊い教えを示してくれました。これまでの歴史が示すとおり、日本が再び立ち上がることを強く確信します。『まさかの友は真の友』。この言葉を日本国民に贈ります」

式典に先立つ4月11日、日本政府は海外からの支援に感謝を表明する菅直人首相のメッセージ広告を世界の主要7紙に掲載した。「絆」と題する文章の最後は、「まさかの友は真の友」という言葉で結ばれていた。モレノ外務大臣のあいさつは、そのメッセージに対する返答でもあった。

チリ経済界からは多額の義捐金が寄せられた。同時に日本と関わりの深い10企業が集まり、「エスペランサ委員会」を立ち上げて義捐金の使い方を探った。エスペランサはスペイン語で「希望」を意味する。日本の苦悩を前にして、チリ国民の思いをどう表現し、どんなふうに将来に残していけるか。すぐさま消費されずに、それ自体が永続的な価値を持つ支援とは？　エスペランサ委員会は企業の枠を超え、政府や大使にも相談しながら話し合いを重ねた。

その結果、アンドラカ会長が訪日する際に、委員会を代表して直接、日本側の意向を確かめることになった。このアンドラカ会長の意志と行動力が、やがてモアイをめぐる大プロジェクトに発展することになる。

ピンチをチャンスへ

町民へのプレゼンまで終えた志津川高校の「南三陸モアイ化計画」は、地震と津波によってつまずいた。計画を立ち上げた情報ビジネス科の3年生たちは卒業し、教師と生徒たちは避難所などにバラバラに離散した。

志津川高校の授業は、震災2ヵ月後の2011年5月、南三陸町に隣接する宮城県登米市の登米高校と上沼高校に場所を移して、やっと始まった。

内陸にある登米市には、南三陸町から多くの町民が避難、移転していたが、人々の明日も復興の展望も見えない日々が続いていた。高校生たちのモアイ化計画も終わってしまうかと思えたとき、周りから「こういうときだからこそ、活動を再開すべきなのではないか」という声が上がった。励ましの声に生徒たちも応じた。

「だったら今、自分たちができることをやろう」

「マイナスをプラスへ、ピンチをチャンスへ」を合い言葉に情報ビジネス科の新3年生8人が動き出した。

彼らが通う登米高校近くの総合体育館には愛知や新潟から駆けつけた警察官が詰め、行方不明者の捜索と復興作業に力を尽くしていた。パトカーは被災地を日々巡回している。そのフロントガラスに自分たちの思いを込めたプレートを置いてもらえれば、それを見た人々に少しでも元気を与えられないだろうか――。

さっそくA4判、B5判のカラーシートを作って「モアイ復興プレート」と名付けた。プレートには警察官に扮したモアイキャラとともに、「がんばろう!南三陸」「復活!南三陸」と書きこんだ。5月21日、体育館で開かれた贈呈式で30枚を警察官に贈った。

さらに、頼もしい人材が戻ってきた。モアイ化計画を立ち上げ、モアイキャラのデザインを一手に引き受けていた卒業生の髙橋和也さんが、臨時職員として志津川高校に勤めることになったのだ。

その年の春に卒業し、役者を目指して東京の専門学校に通っていた髙橋さんは、帰省するたびに志津川高校でモアイキャラをデザインしていた。担当だった佐々木教諭に「こっちで働かないか」と声をかけられた髙橋さんは、「自分にできる形で故郷の復興に貢献したい」と学校をやめて、南三陸町に戻った。はじめは中途退学に反対した両親も息子の強い思いに動かされた。

高橋さんは新しいモアイキャラをどんどんデザインしていった。高校時代、授業の一環だった作業が今度は仕事となった。自分の仕事が復興につながるという新たな思いで取り組んだ。最初は「とりあえずやってみるか」という軽い気持ちだったが、それが「ここまで本格的になってきたら、いろんな人に知ってもらいたい」と欲が出てきた。

８月、志津川高校での授業が再開した。生徒たちの南三陸モアイ化計画はあらためて発進した。しかし、彼らにはずっと気にかかっていることがあった。チリプラザのがれきに埋もれつつあるモアイ像の頭だ。

教師らが町の各課に電話して移送を掛け合っていたが、山積する喫緊の課題に忙殺される町にその余裕はなかった。町としてはむしろ困惑もしていた。志津川町と歌津町が合併してから、モアイによる町おこしはいったん封印した経緯があったからだ。

生徒らは自力で〝救出〟しようと、モアイ像修復の経験を持つ高松市のクレーン会社、タダノに移送を嘆願する手紙を書いた。だが、それを投函しようとしていた矢先に事態は急展開した。

モアイ像との奇縁

２０１１年10月25日のことだった。佐々木幹夫・三菱商事相談役（前会長、日智経済委員会委員長）は、被災地でボランティアに精を出す社員を慰労、激励するため宮城県入りし、南三陸町に足を伸ばした。

打ち上げられた船、骨組みだけになった町役場。映像では見ていたが、実際に目にすると、その惨状に言葉を失った。

タクシーの運転手に「がれきの山がある」と言われて、沿岸のチリプラザに向かった。車が止まったところから周囲を見まわすと、大きな石の塊が目に入った。近づいてみると、それはがれきに埋もれつつあったモアイ像の頭部だった。

南三陸町にモアイ像があることは聞かされていたが、津波で頭部が叩き飛ばされたまま、がれきに埋もれているとは考えもしなかった。

がれきは毎日運び込まれている。そのまま放置すれば、モアイ像は完全に埋もれてしまう。がれきの中のモアイが、なんとなく寂しげな表情に見えた。

「モアイが、がれきに埋もれてしまう直前に私を呼んだのではないか」

佐々木相談役がそう感じたのには理由があった。佐々木相談役とチリとの関わりは長く深い。チリの軍事クーデター直前の１９７３年に、三菱商事の鉄鉱石設備担当の社員として初

松原公園近くのがれきの中で、モアイ頭部は泣いているように見えた

めてチリを訪れて以来、約40年にわたってチリを見守り続けてきた。

そして、チリ領イースター島のモアイ像とも不思議な縁で結ばれていた。２０１０年７月、佐々木相談役は経営者仲間とともに皆既日食を見るために、イースター島を訪れていた。だが日食の数日前から雨が続き、当日の朝も土砂降りだった。それが午前11時過ぎから急に晴れ間が広がり、日食の始まる12時40分ごろから、太陽のすべてが欠ける午後２時過ぎにかけて、きれいな日食を見ることができた。日食が終わってしばらくして再び雨が降りはじめた。現地の新聞が「魔術」と報じるほど奇跡的な現象だった。佐々木相談役は「モアイが私たちを歓迎して、日食を見せてくれたのではないか」とさえ思った。

それに先立つ2007年には、日本チリ修好110周年記念事業として、三菱商事の特別協賛でイースター島のモアイ像を東京の丸ビルに展示したことがある。高さ3メートル、重さ6トンの石像を前に、チリのミシェル・バチェレ大統領がテープカットをしたことを覚えている。

そしてまた、東北の被災地において奇妙な形でモアイ像と出会うことになった。

南三陸町のモアイ像はチリと南三陸町との間で復興と友好と防災のシンボルとして設置されたものだ。

「このままがれきの中に埋もれさせるのは忍びない」

佐々木相談役はその足で南三陸町役場に駆けつけて、モアイの移送を掛け合った。

「町が今置かれている窮状は承知しているつもりだ。しかし、できるだけ早くに移したい。費用はすべて当社が負担する」

要人の突然の来訪に役場のほうは当初、戸惑った。しかし、かねてより志津川高校から〝モアイ救助〟の要望を受けていた役場にとっては願ってもない申し出だった。

11月7日、がれきの中からクレーンで引き揚げられたモアイ像の頭部が、トラックで高台にある志津川高校の校庭の一角に運び込まれた。チリ大統領のメッセージを刻んだ銘板も一緒だった。モアイ像は教師と生徒たちの発案によって、ＧＰＳ（全地球測位システム）を使って北回りでイースター島の方角を向くように設置された。校庭に安置されたモアイ像を自分の目で見届けた佐々木相談役には、モアイがかすかに微笑んでいるように思えた。

これ以後、三菱商事で震災復興に取り組む部局が中心となって、モアイ像に関わるプロジェクトを全面的にサポートすることになった。

絆を深めるために

モアイ像の移設から10日後の11月17日、東日本大震災の復興支援のために組織されたエスペランサ委員会を代表して、アンド

志津川高校に移設されたモアイの頭部

ラカ会長が南三陸町にやってきた。

会長はそれ以前から、駐日チリ大使のパトリシオ・トーレス氏を通して、1960年のチリ地震に端を発する南三陸町とモアイ像の関わりについて聞かされていた。チリ地震津波の30年記念事業で、チリプラザと命名された公園にチリでつくられたモアイ像とコンドルの記念塔が設置されたこと、志津川高校でモアイを中心とした町おこし計画が進められていたこと、そして3・11の津波で流されたモアイ像の頭部が志津川高校に移設されたこと——。トーレス大使は大震災後、自家用バンに食料や水を積み込んで自らハンドルを握り、30年以上大使館に勤めてきたルーシー・キノシタ秘書らスタッフとともに南三陸町に何度も通っていた。それだけに町の現状を正確に把握していた。

さらにアンドラカ会長は、義捐金の使い方について、佐々木相談役から「チリ国民からの善意と友情を形で表わせるものがいい」との助言を受けた。チリで集まった義捐金は、チリとの関わりの深い南三陸町に、未来にも残る形で贈りたい。アンドラカ会長の南三陸町訪問は、義捐金の使い方を具体的に町と地元の高校に相談するためだった。

海沿いの町は見渡す限り殺伐たるがれきのままで、その中で鉄骨だけとなった防災対策庁舎や公立病院の白い建物が目立つ。復興はほとんど進んでいないように見えた。

仮設庁舎で佐藤仁町長と面会したアンドラカ会長はまず、翌年3月のチリ大統領来日を記念するメダルの裏に南三陸町に由来するデザインを刻みたいと告げた。さらに「チリで集めた義捐金を、南三陸町が必要とする用途に使っていただきたい。ただし、将来にわたってその価値が続く形を考えていただければと思う」と申し出た。

チリ側としては、犠牲者すべてを悼み、南三陸町を将来にわたって見守るため、みんなから忘れられないものを贈りたかった。

このとき挙げられたアイデアが、イースター島の自然石でつくる新たなモアイ像の寄贈だった。それは、島民が復興への祈りを込めて彫った石像を被災地へ贈るという初の試みとなる。新たなモアイ像は、チリとの友好に加え、震災からの復興のシンボルともなるだろう。

モアイ寄贈のアイデアを町に託し、仮設庁舎を後にしたアンドラカ会長は志津川高校に向かった。モアイ像は高校の玄関前、花壇の中に置かれていた。がれきから救い出された頭だけのモアイ像は、大自然に打ちのめされても再び立ち上がる町の力と未来への希望を象徴しているように思われた。

「よくぞここに救出された。モアイ像もこんなに笑っている」

会長は静かに歩み寄り、両手でモアイを抱いた。

２０１１年は、世界各地で記録的な天変地異が相次いだ年だった。１月にはオーストラリ

志津川高校のモアイを抱くアンドラカCAP社・会長（2011年11月）

アとブラジルで大洪水が起き、インドでは大寒波が襲来した。２月にはニュージーランド、３月には日本で大震災が発生し、４月にはアメリカ南部で史上２番目の犠牲者を出す竜巻が起きた。５月にはアイスランドで火山が噴火し、６月にはチリでサンティアゴの南約９２０キロにあるアンデス山脈の火山が約50年ぶりに噴火した。人々は２０１２年が希望の年となることを願った。

年が明けて、佐藤町長はチリ国民からの心のこもった贈り物をありがたく受け取ることをチリ側に伝えた。志津川高校からは生徒のチリ短期留学のアイデアが提案された。町の全域から集まる志津川高校の生徒３名と引率教諭１名が３週間ほどチリに滞在し、イースター島を含めてチリの産業、文化、風土、国民性を肌で知り、両国の将来にわたる交流につなげるというものだ。この短期留学をとりあえず3年間続けるプランが固まった。

アンドラカ会長はエスペランサ委員会で「希望プロジェクト」と名付けられたこの二つの構想を、チリ外務省とセバスティアン・ピニェラ大統領に伝えた。

会長は希望プロジェクトに込めた思いを語る。

「これは日本とチリ両国の絆を深めるプロジェクトです。スピリチュアルな交流が鎮魂の式典とモアイ像の寄贈だとすると、人間的な交流は、日本の若者にチリに来てもらうこと。チリの過去と現在、そして未来を見てもらうのです」

大統領の訪町

ピニェラ大統領が日本政府の招待で来日したのは、2012年3月28日から3日間だった。日本政府の招待によるチリ大統領の来日は2007年のバチェレ大統領以来、ピニェラ大統領自身は2010年11月の横浜APEC以来、2度目の来日だった。

皇太子殿下との会見や東京大学での講演、野田佳彦首相との首脳会談と夕食会、日智経済委員会出席と多忙なスケジュールを経て、大統領は最終日の3月30日、南三陸町を訪れた。セシリア・モレル夫人をはじめ、トーレス駐日チリ大使、アンドラカ会長、佐々木・三菱商

志津川高校を訪れたピニェラ大統領と夫人たち（2012年3月）

事相談役のほか、チリの実業家も同行した。

南三陸町に到着したバスから降りた大統領は、何もかもが失われた町の風景に思わず声を上げた。町職員ら多数の犠牲者を出した防災対策庁舎跡では献花のうえ黙禱を捧げ、チリプラザや被災した病院などの視察後、志津川高校に向かった。

学校では、スペイン語で「Ｂｉｅｎｖｅｎｉｄｏｓ ａ Ｓｈｉｚｕｇａｗａ！」（ようこそ志津川へ！）と大書した横断幕を掲げ、花いっぱいのプランター３００個で花道をつくり、モアイ像の周りを白砂利と花々で飾って大統領一行を迎えた。ピニェラ大統領は迎えに並んだ生徒たちに歩み寄り、ひとりの手を取り無言で握った。

生徒たちは体育館で、地域に伝わる「行山流《ぎょうざんりゅう》水戸辺鹿子《みとべしし》躍《おどり》」を披露した。先祖を供養するための郷土芸能で、鹿頭を着けた８人の踊り手が太鼓を打ちながら踊った。

これに対して、ピニェラ大統領は訪問記念の銘板を贈り、

生徒たちに歩み寄る大統領

体育館に集まった生徒や仮設住宅で暮らす人々を前にスピーチした。

「チリ国民は南三陸町に対して、わが国の魂、エネルギーに満ちた土地の一片をお贈りしたい。イースター島の彫刻家が島の石を使ってつくる本物のモアイ像は、チリと日本、両国民の友愛をより強固で永遠のものとするでしょう。太平洋は両国を隔てるのではなく、互いを兄弟のように抱いています。過酷な自然災害に対する両国の向き合い方はよく似ています。懸命に共同体をつくり、団結を強化し、大自然が破壊したものを何度でも築き直す。大自然から再生の力、成長の力を得ながらです。私たちはモアイ像を贈ることで、南三陸町の住民から強い力が生まれ、町がよりよく再生することを願っています」

そして最後に「日本、がんばれ！」と日本語でメッセージを送った。

ピニェラ大統領はAFP（フランス通信社）記者の取材に対し、胸に着けたモアイの缶バッジを指さしながら語った。

「これは未来への希望のシンボルだ。地震と津波で壊滅的な被害を受けたこの町で、今も信念と勇気が息づいている。それに触れることができて、うれしい」

ピニェラ大統領は、被災した日本人が見せる連帯感や道徳心、そして子どもたちの行動が大人を勇気づけている姿に大きく心を揺さぶられた。チリプラザでは積み上げられたがれきの上にのぼって会見した。生徒たちの温かい歓迎について「あれほど感動したことはない」とアンドラカ会長に漏らした。普段クールな大統領の熱い言葉。会長もトーレス大使も、そんな大統領の姿を見たのは初めてだった。大統領訪日記念メダルの裏には、震災前チリプラザにあったモアイ像とコンドルの塔の図が描かれた。

志津川高校の生徒たちは、大統領一行を迎えるためにモアイのキャラクターたちをプリントした旗をたくさん作り、チリと日本の国旗とともに校舎にずらっと掲げていた。アンドラカ会長は「あれを記念にもらえないだろうか」と願い出て、〝モアイの旗〟をチリに持ち帰った。

世界に発信される計画

大震災後の初冬以来、毎日、登下校時にモアイを目にし、モアイに見られている——。志津川高校にモアイ像が持ち込まれたことが、生徒たちを奮起させた。

年を越して、チリ大統領が訪れるひと月ほど前の2012年2月下旬、南三陸町内に仮設商店街「さんさん商店街」がオープンした。生徒たちは、震災後から月に1回続けられてきたイベント「福興市」でモアイキャラクターを描いた手作り缶バッジとストラップを販売した。収益をもとに3・11でめちゃめちゃに破壊されたコミュニティバスを購入し、町に寄贈することを目標とした。

志津川高校のモアイ化計画は、被災地の子どもたちによるユニークな復興支援策としてマスメディアに広く取り上げられた。海外から取材陣が来ることもあった。

チリ国内で最大発行部数を誇る新聞「エル・メルクリオ」は、2012年3月10日付の土曜日折り込み誌「SABADO」に南三陸町の特集記事を掲載した。

「南三陸町、津波が襲った町」と題された記事は、南三陸町の現状とともに、モアイ像の被災と志津川高校への移設の経緯、生徒たちのモアイ化計画を紹介した。「志津川高校では3人の生徒が行方不明となり、ふたりの生徒が両親を亡くし、32人の生徒が身内を失った」と伝えたうえで、モアイ化計画を進める情報ビジネス科3年生のコメントを載せた。

「自分の将来と町の復興について考える。勉強して、老人介護の仕事をしたい」（阿部裕貴成）、「巨大津波は1000年周期で発生し、不幸なことに私はそれを経験した。だからこそ、新しい世代に自分で撮った写真やビデオを見せていきたい。私たちはいつも準備をしておかなければならない」（阿部友花里）

6月には、TVN（チリ国営放送）の取材クルーが高校を訪れた。震災直後に続いて2度目の取材だった。

実習助手の茂木さんには、モアイ化計画について以前から気にかかっていたことがあった。イースター島ではモアイ像は祖先の守り神として大事にされていると聞く。日本でいえば、それは墓石に相当する厳かなものだ。すると、生徒たちがやっていることは、いわば〝墓石のキャラクター化〟である。チリの取材スタッフにおそるおそる尋ねた。

「こうやって子どもたちが日本で面白おかしくキャラクターにしてしまって、向こうの人たちは怒っていないでしょうか?」

スタッフは答えた。「チリでも、うけると思いますよ」

チリのメディアが南三陸町で取材したモアイ像をめぐる情報は、本国チリで活字や映像となって人々に届けられた。それは南太平洋上のイースター島にまで届き、やがて島民の心を動かすようになる。

第3章　イースター島、再生への祈り

謎に包まれた島

イースター島は、南米チリの首都サンティアゴから約3700キロ西方の南太平洋上にある。周囲に島らしい島はなく、地球上で最も隔絶された孤島である。

現地語名は「ラパ・ヌイ」。ポリネシア系先住民の言葉で「大きな島」を意味するが、瀬戸内海の小豆島よりもやや大きいくらいで、三角形をした島の三つの頂点には高さ300〜500メートルの火山を戴《いただ》く。人口約5800人、年間を通じて温暖で湿度が高い。

この島を有名にしたのは、巨石人像モアイだ。多くは高さ3〜4メートル、重さ20トンほどの大きさだが、中には20メートルに達する巨大な像も存在する。島の東部のラノ・ララクで産出する凝灰岩でつくられ、島に残るモアイ像は現在、土に埋もれたものや未完成のものも合わせると1000体を超す。

しかし、この巨大な石像を誰が、いつ、なんのために、どのようにして作ったのか、はっきりしたことはわかっていない。また、遠い石切り場からどのようにして運び、どのように祭壇上に立てたのか。なぜ未完成のまま放置されたり、倒されたりしたのか。なぜ海を背に立っているのか……。すべては謎のままである。

イースター島が世界の人々を魅了してやまないのは、この島がいまだに多くの神秘と謎に包まれているからだ。モアイに似た石像は地球上にほとんど存在せず、島に残る象形文字「ロンゴ・ロンゴ」は今も解読されていない。「世界七不思議」の候補は多々あるが、モアイはその常連である。

超自然の力「マナ」が宿るとされるモアイ像の由来には、これまでさまざまな仮説が唱えられてきた。祖先の守り神、墓碑、部族の長の姿、海神。太古に沈み去った幻の大陸の遺物だ、いや、宇宙人が作ったものである……。

モアイは黙して語らない。

最長老の宣言

イースター島は「ラパ・ヌイ国立公園」として世界遺産に登録されている。このため島の原石で作られたモアイ像を自由に動かすことはできない。原石の勝手な持ち出しも禁じられている。

しかし、被災地支援のためチリで組織されたエスペランサ委員会が南三陸町にした約束は、「イースター島の石を使ったモアイ像を贈る」ことだった。約束を果たすには、最初から大きな困難が予想された。

エスペランサ委員会の特命を帯びてイースター島に渡った担当者は、数多くの島民に面会してモアイ像寄贈の計画を持ちかけた。しかし、島民たちからはにべもない答えが返ってくるばかりだった。

「島の原石を使って新しいモアイ像をつくることなど許されるわけがない。ましてやそれを島から持ち出すなんて、もってのほかだ！」

イースター島が世界遺産に登録されて以来、世界各国の美術館や博物館などからモアイ像の購入や貸し出しの申し入れが殺到していた。それぞれに応じていては島の文化を守ることができない。モアイ像を持ち出すことに対する島のガードは非常に堅かった。

モアイ像をつくる彫刻家の選定も難航した。イースター島に暮らす多くの石工の一族のうち、どの一族がこの仕事を担《にな》うのか。対価はいくらなのか。なかなか話はまとまらなかった。

どうすればいいかを話し合うために、ラパ・ヌイ共同体の全メンバーが出席する会合が開かれた。島の石の取り扱いをめぐって議論は紛糾した。そのとき、トゥキ一族の長老であるマヌエル・トゥキさんが全員を前に声をあげた。

「われわれのモアイ像を復活させるために、日本人には、これまでさまざまな形で世話になってきた。そのことはみんなも知っているだろう。その結果、われわれはラパ・ヌイの民としての尊厳を取り戻すことができた。今こそ、その〝恩返し〟をするときではないのか？　津波で破壊された町をモアイの力で再生し、人々が生きる希望を持つように、今度はわれわれが日本人を助ける番ではないか。もしおまえたちが島の石を使いたくないと言うのなら、私の土地から切り出した石で彫刻家の息子にモアイを彫らせよう」

92歳の彫刻家マヌエルさんは、イースター島の最長老であり、島で最も尊敬を集める人物である。最長老の宣言に、それまでのざわめきは静まり、続いて大きな拍手が湧き起こった。

ラパ・ヌイの長老マヌエル・トゥキさん

マヌエルさんは無償でのモアイ制作を申し出た。イースター島当局との数回にわたる長時間の会議、トゥキ一家との会合を経て、モアイをつくるプロジェクトがやっと動き出した。新しいモアイ像は、島の石を使って、島で最も著名な彫刻家によってつくられることになった。イースター島民はチリの国民を代表してモアイを日本に贈る。南三陸町の人々は日本を代表してそれを受け取る。

しかし、マヌエルさんの言う日本人への「恩返し」とは何を意味するのだろうか。

それを知るには、この島で20年前に起こった出来事にさかのぼらなければならない。そこには日本の企業が深く関わっていた。

倒れたモアイ

1988年11月、香川県高松市に本社を置くクレーンメーカー「タダノ」の社員、高木啓行さんは、赴任先の東京の自宅で家族とともにテレビを見ていた。「世界・ふしぎ発見!」という情報娯楽番組で、イースター島のモアイ像の多くが倒れている現状がレポートされていた。現地から、考古学者でもあるイースター島のセルヒオ・ラプ知事が視聴者に向かって訴えた。「モアイをもう一度立たせたい。クレーンがあれば倒れたモアイ像を起こせるのに」

映像を見たタレントの黒柳徹子がコメントした。「助けてあげればいいのにねぇ」

高木さんは思った。「クレーン? クレーンならうちの会社にあるじゃないか。うちなら倒れたモアイ像を立てられるぞ」

タダノは世界有数のクレーン製造・販売メーカーで、日本で初めて油圧式クレーンを開発したことで知られる。事業開発室という、できたばかりの小さな部署に属していた高木さんは、社から「新しいことを、なんでもいいからやってみろ」と言い渡されていた。

高木さんにとってイースター島は、少年時代、探検家トール・ヘイエルダールの『コンテイキ号漂流記』を読んで夢を膨らませたあこがれの地だった。
「イースター島か、行ってみたいな」
20代後半だった。入社数年の平社員が夢に向けて踏み出した。

さっそく政府や民間の海外支援事業に相談してみたが、機材支援は受け付けていなかった。駐日チリ大使館に持ちかけると、早くも難題にぶつかった。イースター島には大型貨物船が停泊できる岸壁がないという。これではクレーンを島に搬入できない。

海が無理なら空はどうか。クレーンを乗せた軍用機を島の空港に着陸させるのだ。イースター島には米国がスペースシャトル緊急着陸用に整備した滑走路があった。しかし、チリにそんな軍用機はなかった。チリ本国でも関係省庁、海軍、チリ大学から成る特別委員会が設置され、相談の結果、チリ本土までクレーンを運んでくれれば、あとはチリ海軍が専用艇でイースター島まで運ぶということになった。

次なる壁が立ちはだかった。世界的な文化遺産であるモアイ像を動かすには、ユネスコ（国際連合教育科学文化機関）やイクロム（文化財保存修復研究国際センター）など国際的な学術文化機関への配慮が必要となる。チリ側が示した条件は、民間事業としてではなく、日本とチリとの共同研究によるモアイ修復だった。高木さんは当初、クレーンさえ運び込めば、倒れたモアイを簡単に起こせると考えていた。それがチリ海軍や国際的な学術調査などと、どんどん話が大きくなっていく。

「えらいことになったなぁ」

学界にツテなどなかった。知人から国際的な文化財修復を手がけている石工で飛鳥建設社長の左野勝司さんの存在を知らされた。さっそく奈良県の自宅に押しかけて協力を求めた。

申し入れを聞くなり、左野さんは野太い声で一喝した。

「あなた方は何を考えてるんですか。モアイと言えば世界七不思議の一つじゃないですか。それを修復するということは歴史に対する挑戦だ。失敗したらどうなるか。困難は七つにとどまらないですよ。その困難を乗り越える覚悟があなた方にあるんですか」

高木さんには左野さんが言う「困難」の中身がわからなかった。だから「はい、あります」とは簡単に答えられない。しかし考えてわかる問題でもなかった。だったらやるしかないではないか。「とにかく全力でやります」と答えていた。

左野さんは目を閉じて、しばし黙考した。

「わかった。乗り越えましょう」

そこからの左野さんの動きは早かった。考古学者たちの協力を取り付けて、事前調査のためにイースター島に向けて出発したのは、それから3週間後のことだった。

修復プロジェクトの始動

モアイ像は本来、石のアフ（祭壇）の上に立っている。倒れたモアイを立てるためには、アフごとに学術調査、報告書作成、修復の許可受諾という一連の作業が必要だ。それには膨大な手間と時間、費用がかかる。すべてのモアイ再建など到底できない。修復・再建は、破壊される前の古い写真が残っているポリネシア最大の遺跡「アフ・トンガリキ」にある15体に絞られた。

「調査」の名目で進めてきたプロジェクトに、タダノという会社を挙げて本腰で取り組むことが必要になった。費用はいくらかかるか、わからない。高木さんは輸送費を含めて、とりあえず見積もってみた。

「最後はイチかバチかだ。１億８０００万円でいこう！」

会社役員の前で説明した。「うちは慈善事業じゃないんだ」「クレーンが社会に役立つことを知ってもらう絶好の機会だ」。賛否は分かれたが、最後に多田野久社長（当時）がゴーサインを出した。

クレーンで吊り上げる際、モアイを傷つけることは許されない。このため新しく石像を吊り上げるための装置を開発し、イースター島のモアイと同質、同形の実物大モアイ（模刻）をつくって吊りテストを繰り返した。

イースター島に運び込むのは、重量約43トン、全長約14メートルの50トン吊りクレーンだ。日本からチリ本土までは定期貨物船、本土からイースター島にはチリ海軍の上陸用舟艇で運ぶ。しかし、舟艇には3・4メートルの高さ制限があるため、クレーンの改造が必要だった。

1992年、日本で考古学者を中心とするモアイ修復委員会が発足し、イースター島で、日本・チリ考古学者共同学術調査が実施された。

ところが、思わぬところから批判の声が上がった。海外のメディアだ。

「他人の土地への有害な侵入者」「過去に対する崇敬の念はないのか」(1992年4月6日、英国「タイムズ」紙)。バブル景気ただ中の1980年代末から、日本企業による海外資産の買収に対してジャパン・バッシングが強まっていた。タダノのモアイ修復も金に飽かせた文化財破壊として捉えられたのだ。

「私たちは文化財を破壊するのではなく、元の形に戻そうとしているのです。それは島民の願いでもあります」

高木さんは不慣れな英語で反論のファクスを送った。しかし、返信はなかった。

島民自身の手で

クレーンと修復機材を乗せた貨物船は、神戸港からチリのバルパライソ港へ。そこからは上陸用舟艇で1週間をかけてイースター島へ。島のアナケナ海岸に到着したのは、1992年9月だった。

　修復・再建の対象であるアフ・トンガリキ遺跡にある15体のモアイ像は18世紀後半、部族間の争いによってすべて倒されたとされる。さらに1960年にチリ地震による津波がアフとモアイを襲った。モアイの首はへし折れ、石組みのアフは2ヘクタールのがれきと化して、遺跡は歴史から消えようとしていた。

　世界5カ国（日本・チリ・アメリカ・ポーランド・イタリア）の考古学者・修復専門家らと島民30人が参加して発掘調査に着手した。最初の作業はアフの再建だった。散らばった大小の石を集め、破壊前の写真をもとに、まるでジグソーパズルのように組み合わせる。

タダノのクレーンで再建されるイースター島のモアイ
（1993年　写真提供：株式会社タダノ／株式会社リンクス）

猛暑とスコールに作業は難航した。

10カ月ほどかかって再建されたアフは、長さ98メートル、幅6メートル、高さ4メートルに及んだ。発掘は初の発見を含む数々の貴重な出土品をもたらした。モアイの目、鯨の骨で作った釣針とイアリング、モアイ作りに使った玄武岩の道具。それらは日本の凸版印刷の支援で建てられたイースター島博物館の「トンガリキコーナー」に展示された。

一方、石工の左野さんはモアイ建立作業と並行して、壊れて離れた頭部と胴体の接合作業を進めた。両者に穴をあけてステンレス棒のだぼを挿入し、エポキシ系樹脂で固定する。

想定外の難題が雷だった。頭と胴体をつなぐ前に雷が落ちると、石像はバラバラになってしまう。そこで雷よけのカーボンクロスを石像のお腹やだぼに巻き付けて、課題をクリアした。

モアイ像は長年の風化で表面はもちろん、内部まで想像以上にもろくなっている。へたにロープをかけて吊り上げると、表面が崩れてずり落ちる危険がある。左野さんは一緒に作業をする島民たちに言い含めた。

「われわれ日本人がいなくなっても、あんたたち自身の手でモアイを立てられなければ島の財産とはならないぞ。だからあんたたちが一生懸命になってやんなさい。僕はそれを応援しようじゃないか。行き詰まったときはいつでも言ってきてくれ。そのときはお互いに協力してやろう」

それは、どこに行っても変わらない左野さんの遺跡修復のやり方だった。左野さんはすぐに島民たちと仲よくなった。仕事が終わると、酒を手にみんなが集まって、あれはどう、これはこう、と身振り手振りの話に花が咲いた。島のどこを歩いても「入れ、サノ。なんでもほしいものを食べていけ」と声をかけられた。

クレーン操作、メンテナンスの仕方を手ほどきしたのは、タダノの末澤憲明さんだ。島民ふたりに対し、通じない讃岐弁と手まねで半年かけてみっちり教え込んだ。以後のクレーン作業はそのふたりが交代で行なった。

モアイが立った！

再建されたアフにモアイ像が初めて立ったのは、93年8月7日。大きさは高さ5・8メートル、重さ42トン。クレーンの吊り上げ能力ギリギリだった。

モアイ像はロープのかけ方一つで重心がずれ、クレーンごと倒れる危険もある。足場を組んで、バランスを取りながら布で幾重にもくるんだ石像をそっと持ち上げる。空中で垂直にする。持ち上げては動かし、数十センチずつ高さ4メートルのアフににじり寄る。

4時間後、ゆっくりと下ろされたモアイはしっかりとアフを踏みしめた。スタッフは拍手

再建・修復されたイースター島のアフ・トンガリキ遺跡

し、肩を抱き合った。200年ぶりに立ち上がった石像モアイ。地球の反対側から運んできたクレーンによるモアイ再建のニュースは、世界を駆けめぐった。

15体すべてが並び立ったのは1995年5月。修復作業開始からおよそ1000日の月日が流れていた。使用したクレーンなどの機材は、使用後、すべてイースター島に寄贈した。多田野社長はチリのベルナルド・オヒギンズ勲章を受章。モアイ修復プロジェクトは、国内でも1994年のメセナ大賞審査員特別賞を受賞した。そしてプロジェクトが終わった1995年に、イースター島はユネスコの世界遺産に登録された。

クレーン寄贈を思い立った高木さんは、転勤のため修復完成を目にすることはできなかったが、感慨はひとしおだった。プロジェクトが完了してはじめて、タダノの社会貢献事業は明確な意志をかたちづくったと高木さんは言う。

「企業には社会に存在を許されている理由があるはずで、当社の事業は重力に反して物を空間で持ち上げたり移動したりすることです。クレーンがない時代、先人たちは知恵を働かせて、石の建築物や墳墓を造りあげた。そうした分野の復元や再建なら、私たちの持つ技術を生かすことができる。そこに当社が事業を展開している意味があると思う」

モアイ修復プロジェクトが終わった後、タダノと左野さんの共同作業は、高松塚古墳の石室解体やカンボジアのアンコールワット遺跡修復でも生かされることになる。

クレーンを再び寄贈

モアイの修復から8年後の２００３年、タダノのウエブサイトに、イースター島から１通の電子メールが届いた。

「寄贈されたクレーンが故障しているので助けてほしい」

タダノはエンジニアを現地に派遣して修理を試みたが、潮風による塩害によって腐食が進んでいた。再びクレーンを寄贈することが決まった。新たなクレーンは60トン吊り。特別にメンテナンスの簡易化や防錆塗装の強化を施した。移送には前回同様、海軍の上陸用舟艇が活躍し、イースター島には２００６年３月に到着した。

このとき、高木さんは久々にイースター島のマタベリ国際空港に降り立った。強い日差しと湿気を含んだ風をなつかしく肌に感じた。

空港近くのハンガロア村からアフ・トンガリキ遺跡に向かった。最初に見たとき、そこは石くれが散乱した荒れ地だった。それから既に10年以上が経っていた。遺跡に立つモアイを早く見たいと心がはやった。

町から半時間、海岸沿いを車で行く。

岬を曲がって遺跡が遠くに見えた。心臓が高鳴った。だんだん近づいて車が止まった。眼下に美しく並び立つ15体を目にしたとき、胸が詰まって涙が自然にあふれ出た。モアイのそばに立ち、モアイに触れた。不思議なパワーに守られていると感じた。

２００６年４月、アフ・トンガリキに立つ15体のモアイを背景に、イースター島知事のカロリーナ・ホトス女史の主催

イースター島に2台目のクレーンが贈られた。
2006年4月の寄贈式
（写真提供：株式会社タダノ／株式会社リンクス）

でクレーン寄贈式が催された。式典には、当時のダニエル・カルバージョ駐日チリ大使を含むチリ政府やタダノの関係者30数人が出席した。多くの島民や旅行者が見守る中、両国の国旗掲揚から記念品の交換、石とバナナの葉で蒸し焼きにした鶏料理ウム・タフの披露、クレーンのデモンストレーションなどと続き、最後は島民の歌と踊りで締めくくられた。

石像づくりの一族

アフ・トンガリキ遺跡の修復から12年、2台目のクレーン寄贈から7年。イースター島では現在、斜面に腰まで埋まったものも含め、立っているモアイは80体ほどだ。イースター島の人々にとって、モアイは自分たちのアイデンティティーであり、モアイを立ち上がらせることはラパ・ヌイの伝統文化の復権を意味した。

遺跡修復を契機とした世界遺産登録やイースター島博物館建設も、島に多くの観光客を呼び込む一方で、伝統文化の復興に大きく寄与した。そこに日本人が関わっていたことを、島民たちは胸に刻みつけていた。

さらに、モアイ像の制作を手がけることになったトゥキ一族には、日本で東日本大震災が起こった後に、チリの新聞やテレビニュースを通じて初めて知ったことがあった。

地震と津波に襲われた東北の南三陸町という小さな町が、チリで20年ほど前につくられたモアイ像を復興と友好のシンボルとしていた。津波で破壊されたそのモアイの頭部が、がれきの中から救い出され、地元の高校で大切にされている。そして、それ以前から高校生たちがモアイを使った町おこしの計画を進めていた――。

日本人はイースター島の象徴でもあるモアイの修復に多大な時間と労力、費用をかけ、計2台のクレーンを贈ってくれた。それは何よりも自分たちラパ・ヌイの民に尊厳をもたらしてくれた。そして今、チリでつくったモアイ像を町ぐるみで大事にしてくれている。

南三陸町に贈るモアイ作りに無償で応じるというマヌエルさんの申し出には、イースター島を代表して、日本の人々に恩返しをするという意味が込められていた。

イースター島には石工の一族が数多くいるが、その中でアーティストの地位を占めるのはわずか5人ほどだ。トゥキ一族は古来、石像作りを生業としてきた。マイスターの称号を得ている長老格のマヌエルさんは、7歳のときから石工の仕事を学んだ。石切り場でモアイの現物を見ながら腕を磨いた。2メートルを超す大きなモアイを初めてつくったのは1974年。以来、トゥキ一族としてはチリ修道院の装飾や個人的コレクションのためにモアイを作ってきた。

マヌエルさんの長男ベネディクト・トゥキさんの彫刻歴は半世紀に及ぶ。13歳から修業をはじめ、1979年に伝統的なラパ・ヌイ彫刻の最も優れた主導者として賞を受けた。30歳

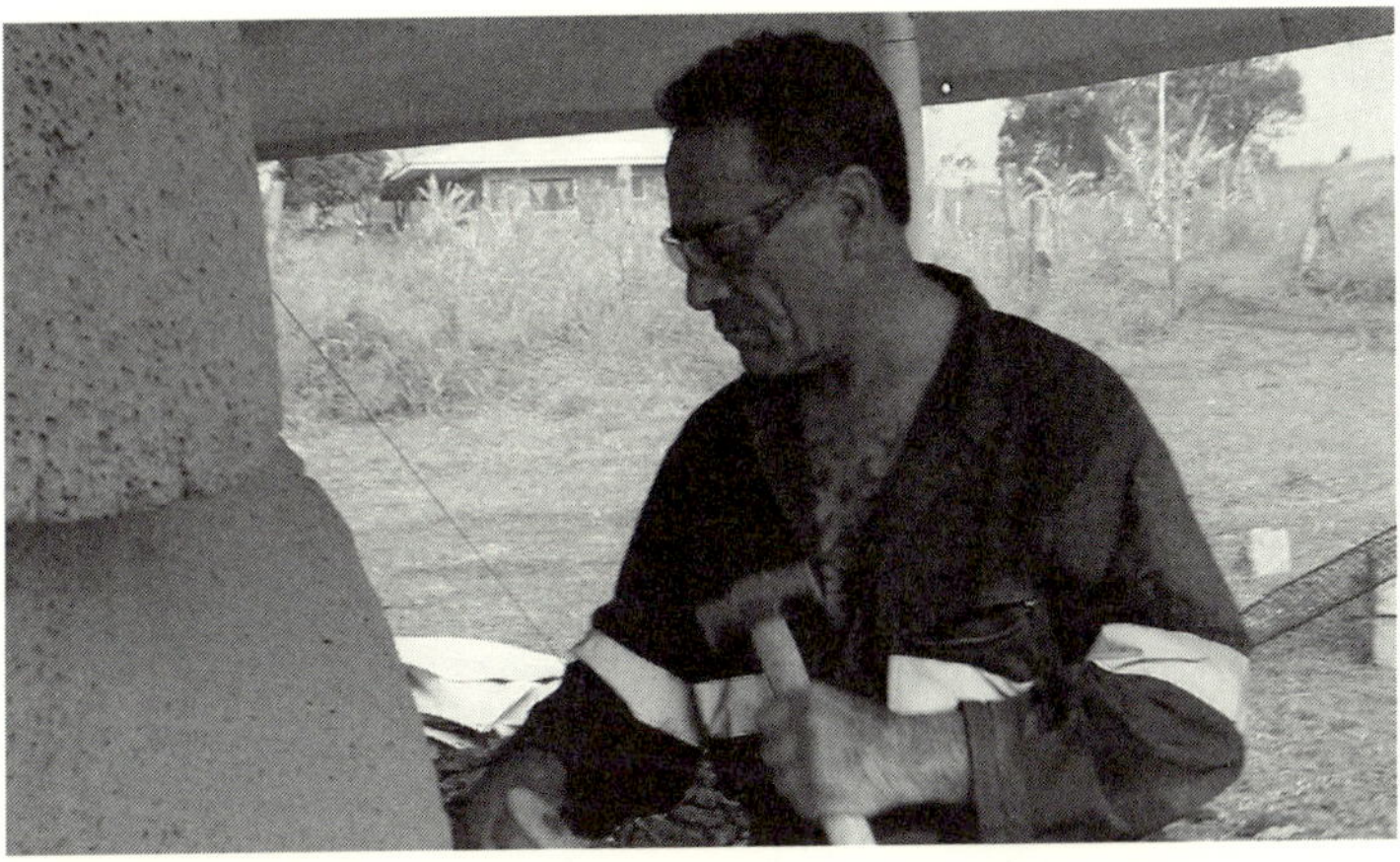

新しいモアイを彫ることになったベネディクト・トゥキさん

でアーティストとして立ち、イースター島やチリ国内にとどまらず、世界各国で展覧会を開いたりアートフェスティバルに参加したりしてきた。

ラパ・ヌイの文化を知ってもらうため、これまで個人的にチリ本土や欧州各国に出向き、モアイの木像や石像をつくってきた。巨大モアイ像を島で制作するのは２年ぶりだった。

一族で巨大な石を切り出し、モアイを彫るにはさまざまな困難が予想された。

家族の絆と島の団結

イースター島で原石を手に入れるためには、法律上の問題をクリアする必要があった。島では石を許可なく持ち出すことは禁じられている。ＣＯＤＥＩＰＡ（イースター島発展委員会）をはじめ、モアイ関連団体の法律的な手続きを経なければならなかった。

一方、ベネディクトさんはマヌエルさんとともに、原石を求めて島内の火口や海岸を何日も探しまわった。2メートルを超す巨大な石である。1カ月経っても、なかなか石は見つからなかった。ベネディクトさんは心配してマヌエルさんに言ったことがある。

「父さん、モアイはできないんじゃないかな」

マヌエルさんは静かに答えた。

「できるさ」

探し求めた石がやっと見つかったのは、2012年7月。なんと自宅近くの庭先に、ふたりが見つけるのを待っていたかのように埋まっていた。石を探しはじめてから2カ月ちかく経っていた。

見つけ出した石を、重機を使って掘り出し、4人がかりでノミやカッターを使って作業に取りかかった。

仕事を始めてから、ベネディクトさんにとっては毎日が驚きの連続だった。チリ本土や海

モアイを彫るのに適した石がなかなか見つからず、作業開始までに2カ月かかった（撮影：Paul Rossetti）

外にいた家族が島に戻ってきて、12人の兄弟姉妹と子どもや孫たち全員が一堂に会した。30年前、ドイツに渡ったベネディクトさんの弟もはるばるやってきて彫刻の作業に加わり、妹たちはたき火を焚いたり昼食や午後の軽食の用意をしたりしてみんなを支えた。

家族全員がそろったことなど、ずいぶん長らくなかった。親子が一緒に仕事をすることもなかった。ベネディクトさんは日々家族の絆が深まっていくのを実感した。

「このプロジェクトのおかげで、私たち兄弟姉妹みんなと父が初めて家族として力を合わせることができた。モアイが家族を呼び寄せて、その絆を深める特別の機会をくれたのではないかと思う」

ベネディクトさんの驚きは、それだけにとどまらなかった。

プロジェクトの存在を知った島の人々が毎日、作業を見にやってくる。日に日にその人数が増えていった。彼らは作業への協力を惜しまず申し出てくれた。時に食べものを持ってきてくれたり、いつでも火がおきているよう薪を持ってきてくれたりした。雨の日にも仕事ができるよう、石像の上にテントを張ってくれる人もいた。

横たえたモアイ像をまっすぐに立てる日だった。ジャッキを使った作業にベネディクトさんたちは苦労していた。すると突然、トラックが到着して、大勢の男たちが繰り出してきた。みんなでモアイを持ち上げて立たせてくれたのだ。ベネディクトさんは胸がいっぱいになった。

「これはトゥキ家のプロジェクトではなく、島全体のプロジェクトだ。この団結は私にとっても、私の孫、ひ孫にとっても、家族全員のすばらしい財産となるだろう。私たち家族やラパ・ヌイの人々が覚えている結びつきを南三陸町の人々にも感じてほしい。それは私にとっても美しい絆になる」

さらに朗報が舞い込んだ。チリ国会議長からマヌエルさんに勲章が授与されたのだ。勲章はマヌエルさんの長年の業績と島の発展に寄与した貢献に対して贈られた。仕事を終えた後、マヌエルさんは家族を呼び集めてうやうやしく告げた。

「この機会に息子ベネをわが一家の大彫刻家として認め、この名誉を彼に引き渡したい。彼がいなければ、このプロジェクトも私の考えも実行に移せなかったのだから」

勲章を譲り渡すという父の宣言に、感無量のベネディクトさんは父を抱擁し、「父さん、ありがとう」と答えて言葉を継いだ。

「しかし、私はこの名誉を弟に捧げたいと思います。彼は私たちを応援するために遠くドイツから来てくれた。私より若い彼は、家族にとって大事なこの記憶を子孫に伝えるのにふさわしいと思う」

名誉は父から子へ、兄から弟へと贈り渡されることになった。

最後の機会

モアイは石の中に眠っている。それを取り出すのが彫刻家の仕事だとベネディクトさんは言う。最初は単なる石の塊だ。日を追うにしたがって、石の中身が見え、取り出すべきモアイの姿が見えはじめる。どんな形になるのか、最初にどこからカットすべきか、石が自分に与える指示を感じ取る。

「石と深いつながりができると、石が私を導いてくれる。そして石そのものに、より愛情を感じるようになる」

最も大事なのは顔の部分だという。全体との関係を考えて彫り込む。始めてから2週間後、彫り進めた顔が気に入らない。もう一度、やり直す。顔ができれば、最後に胴体下部の手の部分を彫る。

マヌエルさんは毎日椅子に座って、息子たちの仕事ぶりを見ながら石の造形や手順についてアドバイスした。

そこはもう少し低くしないと、それは後でいい、そこを終えた後で小さくするんだ、少し削ればいいモアイになる……。

マヌエルさんには、今回のプロジェクトが彫刻家としての最後の仕事になるという予感があった。だから今回は自分の持てる技術すべてを息子たちに伝える最後の機会だった。それ

ベネさんを中心に、一族のみんなが協力して彫りすすめていった（撮影：Paul Rossetti）

は家族全員がそろうことと同じくらいに特別な出来事であり、貴重な時間だった。それはベネディクトさんにとっても同じだった。

ベネディクトさんは父親から彫刻を初めて教えてもらったときのことを思い出す。

父はそのとき、木のモアイ像を彫っていた。自分に「彫り方を教わりたいか？」と聞いてきた。はい、と答えた。父は道具を渡してくれた。バナナ畑で一日中、モアイを彫ろうとしたが、最初はうまく彫れなかった。失敗作を捨てては、また新しい木片に挑戦した。ある日ついに、これならと納得できる作品が彫れて、父のところに持っていった。父はそのモアイを見ると、「いいじゃないか！」と言った。木や石を本格的に彫りはじめたのはそのときからだった。

この仕事が、父とともにやる最後の機会になるだろう。

「最初に感じたのは、父と一緒に働けることの幸せだった。父も幸せだったと思う。とても感動した。いや今も、なんらかの形で私の体は、このモアイづくり、父との仕事に感動し続けている」

マナとモアイ

２０１２年８月末、モアイ像が完成した。

モアイは作られた時代によって大きさや形が変わる。石像は時代を追って巨大化し、最後期のモアイ像は頭上に赤色凝灰岩でできた帽子状のプカオを載せている。完成したモアイ像はその最後期のものだ。

黒曜石と白いサンゴでできた「モアイの目」も用意した。モアイ像には当初、目はないものと思われていた。一般に知られるモアイにも目は付いていない。しかし、遺跡発掘によって本来のモアイには目がはめ込まれていたことが判明した。部族間で繰り広げられた互いのモアイを倒し合う内乱ではモアイの目が一番の攻撃対象となり、徹底的に破壊された。モアイは立たせたうえ、目をはめて初めて超自然力たる「マナ」が宿るとされたからである。

イースター島では大切な仕事を成す際、すべてがうまく行くように、先祖からマナを授けられるよう祈る儀式を執り行なう。

その日、多くの島民たちがモアイ像の立つトゥキ家の仕事場に集まった。全員がモアイ像の前に立ち、一人が大きな声を放った。

ラノ・ララクの彫刻家諸君、
そしてアンガ・ヌイ、オネ・テア、アカアンガ、バイウ、
アンガ・ロア、バイ・マタ、アンガ・オテオ、バイ・タラ・カ・イウ、
アナケナ、トウア・テ・マヌ、アンガ・オ・オヌ、タアロア、
マアトウア、トンガリキ全種族の先代彫刻家の皆さま、
このたび我々が成しとげたこの事業に参加いただき、マナをお授けくださいますよう、
そしてどうぞ我々とともにこのモアイ像を日本へお捧げください。

その後、鶏の蒸し料理ウム・タフが参加者にふるまわれた。儀式後、神父がモアイ像に聖水をかけ、全員を祝福した。楽団が楽器を鳴らしはじめると、手拍子とともにみんなが歌いだした。

だが、モアイ像に宿る「マナ」とは、そもそもいったいなんだろう?

チリ大学でアジア・太平洋地域の文化について研究するセルヒオ・メルトン・カラスコ・アルバレス教授は、モアイの力の由来について、およそ次のように記している。

「モアイは地球の腹部の激しい息吹から生まれた岩で作られている。火山岩は他のどんな石とも違い、地球の奥深くから飛び出した胎盤のようなものだ。マグマは地球の腹からあふれ出し、島や列島を形づくり、大陸の表面を覆って新しい大地となる。そこには植物や昆虫、動物などが宿り、新しい生命の誕生を祝う。モアイは生命を生み、死を乗り越えさせる精妙な力〝マナ〟を表現している」

また、ラパ・ヌイの郷土史家でもあるベネディクトさんの妻アナ・マリアさんによれば、モアイはイースター島の各部族の先祖を表わしており、モアイ像はマナを次の世代に伝えるために作られてきたという。

「マナとは宇宙の力であり、私たちを取り巻き、私たちの存在を可能にしているエネルギーのことです。彼ら祖先はマナを操って人間や自然を守りました。豊かな農業をもたらし、海産物をもたらし、出産をもたらした。モアイは豊かさの象徴なのです」

アナ・マリアさんは、イースター島から南三陸町へ贈られるモアイ像の話を子ども向けの物語にして、『モアイ――日本への贈り物』と題して２０１３年春にチリで出版した。その中に、マナについて彫刻家の祖父が孫に語り聞かせる場面がある。

アナ・マリアさんは、イースター島から日本へ贈られるモアイの話を、ひとりの少年と家族の「童話」にして出版した（日本語訳併記）

「マナはそこにいて、わしらみんなを取り巻いているよ。それは存在の根源というものだからな。しかし、みんながみんな、それを感知できるというわけではないんじゃ」

「僕は感じられるかなあ？」

「目を閉じてごらん。頬をなでる風を感じるだろう？　海の音や鳥たちやコオロギの鳴き声、そしてマンゴーの葉のこすれる音や、マタウの笑い声も聞こえるだろう？　じゃあ目を開けて、咲いている花々や、お前がいる場所の緑を見てごらん。どんな感じがするかな？」

「うーん、とてもいい感じだよ、お

じいちゃん」

「そうか、それはマナとつながっているからじゃよ」

祖父は孫に、海外の物品や価値観が島に持ち込まれて島の伝統的な文化が衰退したことや、島外からもたらされた病気が蔓延して人口が激減したというイースター島の歴史を語る。

「なんて悲しいんだろう！　でもおじいちゃん、今ではマナがいるって言ったよね。マナはどうやってまた戻ってきたんだろう？」と、テ・ポウ。

「そこじゃよ。本当は、マナは去ってはいなかったんだ。ただ、人間たちが争いに気をとられ、財産を持つ者にやっかみを感じたりしている間は、マナが見えなくなっていたんじゃよ。周囲が争っている間に、未来世代の子どもたちが目を覚まし、明るさや創造の力を島にもたらすように、ある賢人たちが静かに神に祈りを捧げ、彼らの純粋な考えを子どもたちに伝えたのじゃよ」

「おじいちゃん、じゃあ、おじいちゃんもその時の子どもたちの一人だったの？」

「今、お前がわしの言うことを聞いているように、わしも賢人たちの言うことを聞いて、自分たちの祖先が伝えて来た文化を好きになりはじめてな、今でも自分たちの文化を維持し、より豊かにして、ずっと継続させたいものだと思っているよ」と、おじいさん。

日本に贈るモアイを通して、ラパ・ヌイの伝統文化を次世代に伝える――アナ・マリアさんは、この童話にそんな思いを込めた。

島の歴史

ラパ・ヌイ、つまりイースター島の文化はどのように生まれ、どう伝えられてきたのだろうか。

イースター島にいつごろから人が住みはじめたかは、はっきりわかってはいない。DNAの検証によって、その祖先がポリネシアから渡ってきたことは判明している。ポリネシア人の祖先は、一方で黒潮に乗って日本列島にも渡ってきたとされる。その意味では、イースター島民と日本人はそのルーツを同じくする。

イースター島の現地名「ラパ・ヌイ」が「大きな島」を意味するなら、最初にこの島に住んだ先住民は、イースター島よりも小さな島からやって来たのだろうか。現在、有力視されている説によれば、ポリネシアのマルケサス諸島あたりからカヌーで大海原に漕ぎ出した人々がたどり着いた最後の島、それがイースター島だったという。時期については諸説あるが、紀元6世紀前後と見られる。

住み着いた人々は、石を積み重ねた祭壇を造るようになり、遅くとも11世紀にはその上に石像を立てるようになる。モアイ像は祭壇前の集落の方向を向いていたことから部族の守り神とする説や、アフから多数の人骨が出土したために墓石と見る説が有力である。

駐チリ国公使が1937年、日本に送付したイースター島の地図（提供：外務省外交資料館）

1722年、オランダ人提督ヤコブ・ロッフエーヘンが島に到着した。その日が4月5日のイースター（復活祭）だったため、彼はこの島を「イースター島」と命名した。スペイン語の正式名称「パスクア」も復活祭を意味している。以後、スペインをはじめイギリス、フランス、アメリカ、ロシアの探検家や宣教師、考古学者、軍隊が入れ替わり立ち替わり上陸した。

18世紀には部族間の争いが激しくなり、互いのモアイを倒し合う内乱に発展していく。原因は人口増加や樹木伐採による食糧不足ではないかと推測されている。〃モアイ倒し〃の戦いは激化して、19世紀半ばにはすべてのモアイが倒されてしまったという。

19世紀半ば、ペルーの奴隷商船が千人を超す島民を拉致、殺害し、島外から持ち込まれた天然痘が猛威を振るって島は絶滅寸前となる。

1888年、チリ海軍が領有権を宣言し、島はチリ領に組み込まれた。島全体が牧場として利用され、島民はハンガロア村のみ居住を許された。

そして20世紀半ば、ノルウェーの人類学者・探検家トール・ヘイエルダールが考古学者らと遺跡を発掘、復元し、数多くの学術調査記録を残した。その記録『アク・アク』やインカ時代の船を模した筏《いかだ》でペルーからイースター島への航海に挑戦した記録『コンティキ号漂流記』は各国語に訳され、イースター島の名を一躍世界に知らしめた。

イースター島がチリ共和国の行政区域の一つに組み入れられ、島民が市民権を得たのは1966年。さほど昔のことではない。

日本に向かって

苦難の歴史を経てきたイースター島は、欧米からは「世界七不思議の一つ」「神秘と謎の島」などとして、エキゾチシズムをそそる対象として捉えられてきた。モアイ像にしても、当初は貴重な文化財か珍しい美術品としての価値しか見いだされてこなかった。

世界的に少数民族の伝統文化復権の動きが高まる中で、イースター島民たちもラパ・ヌイの文化を再認識しはじめている。ラパ・ヌイ国立公園が固有の文化と伝統を有する地域として世界遺産に登録されたことがその動きを促した。かつてラパ・ヌイ語がチリ政府によって禁止された時期もあったが、イースター島の学校では現在、ラパ・ヌイの歴史・文化教育が重視され、誰もがラパ・ヌイ語を学べる。

アナ・マリアさんは「トゥキ一族はポリネシアの伝統文化を重んじ、モアイとマナの意義を深く理解している」と話す。トゥキ一族がつくったモアイ像を南三陸町に贈る行為には、モアイに宿るマナの力で町の復興を図るという祈りが込められている。「豊かさ」「生命力」「再生」といった、モアイが本来持つ文化的・宗教的価値が、被災地に贈り物をするというプロジェクトの中で見直されつつある。

ベネディクトさんは南三陸町にメッセージを送る。

「このモアイの力強さと大きさが、南三陸町の人たちの魂を元気づけることでしょう。今回の災害の生々しい惨劇を乗り越えるために力を与え、漁師の愛する海の再生、そして町に喜びと幸せをもたらすことでしょう。日本の人々が抱えている痛みや悲しみを、このモアイが幸せに変えることを祈っていきます」

アナ・マリアさんは、さらにトゥキ一族のモアイ作りがポリネシアに伝わる「贈与の交換」

の風習に基づいていることを指摘する。

「一族は〝いつか日本に恩返しをしたい〟と願っていました。その思いが、今回のプロジェクトに家族全員で参加することにつながったのです」

ポリネシアなどの伝統社会における部族や首長の間では、贈与をめぐる三つの義務があったという。贈り物を与えること、受け取ること、そしてそれに対して返礼することである。贈り物には贈り主の魂が宿っている。与え、受け取り、お返しすることで両者は霊的に結びつくと考えられた。

ベネディクトさんは言う。

「日本は非常に多くのことをしてこの島を助けてくれた。私たちが日本にお返しをすることができる唯一の方法が、このモアイを作ることだ。モアイを作って日本の人々に贈ることができることを本当に誇りに思う」

チリのメディアはイースター島でのモアイづくりを折々に報じた。2012年8月3日付の「ラ・テルセラ」紙、8月22日付の「エル・メルクリオ」紙の紙面にもモアイの記事が掲載された。

TVN（チリ国営放送）は9月にニュース特集で取り上げ、「日本へモアイを」と題して放送した。その中で、マヌエルさんはモアイづくりについての覚悟を語った。

完成したモアイとトゥキ一族
左から イグナシオ（ベネの、ドイツ在住の弟）、ルイス・アジェンデ（甥）、ベネディクト（ベネ）、アナ・マリア・アレドンド（妻）、マヌエル（父）、マリア（妹）、カルロス・マルドネス（従弟）、アレックス（息子）

「私はわが国を、わが国がしてきたことをすべて誇りに思う。だから私は、日本に贈るために、イースター島とすべてのチリ人の名において、自分から（この仕事を）引き受けたのだ。代償は要らない」

11月1日、イースター島に滞在中のピニェラ大統領が、寄贈されるモアイ像と初対面した。大統領はトゥキ一族に対してその労をねぎらい、感謝の言葉を伝えた。

できあがったモアイ像は当初、海路でチリ本土まで運ばれ、そこから日本に向けて太平洋を渡る予定だった。しかし、トラブルのために本土への移送が延び延びとなっていた。日本では新たなモアイ像の到着を待っている。日一日と関係者の焦りは募った。

本土へは海路を断念して片道約5時間の空路を使うことにした。木箱に丁寧に梱包されたモアイは、イースター島のマタベリ国際空港から旅立ち、チリ本土へ。それから陸路で太平洋に面した美しい港湾都市バルパライソへ入った。バルパライソ港から日本までは、日本郵船が自動車輸送の帰り便を使って無償で届けることになっている。

２０１２年11月24日、モアイを載せた貨物船は、太平洋のはるか向こうにある日本に向けてチリを離れた。イースター島民、チリ国民の思いを抱きながら、モアイは１カ月をかけて地球を半周する旅に出た。

第4章　若者が町をつくる

2年目の夏

２０１１年3月11日の東日本大震災から1年が過ぎ、さらに季節が巡って南三陸町は2度目の夏を迎えた。復興の形はいまだはっきりとは見えないが、しかし徐々にではあっても着実に町はぬくもりを取り戻しつつあった。

震災から1年を経ても、町民の3分の1にあたる約１５７０世帯は、まだ町内59カ所にある２２００戸余りの仮設住宅で暮らしている。１１１５世帯は民間の賃貸住宅に入った。だが、たとえば仮設住宅では女性たちが手縫いの仕事を始め、店舗や工場を流された人々がプレハブや移動商店で商いを再開するなど、絶たれたつながりを模索する試みは、ここかしこで始まっていた。

２０１２年7月初め、志津川漁港でタコ漁が始まった。南三陸町は「西の明石、東の志津川」と言われるほど全国的に知られたタコの名産地だ。自慢のタコの水揚げと競りにはボランティアも加わって、漁港は自然と活気づいた。

海水でだめになった土地は表土を削って畑として蘇らせた。ビニールハウスも少しずつ増えてきた。山際を上ると、青々とした水田が日の光を浴びて輝いた。

東北の夏は祭りでにぎわう。

仮設商店街では月に1度の「福興市」が回を重ねるごとに定着してきた。のぼり旗のもとに、活ホタテの炭火焼きなど地元の新鮮な産品のほか、県外の物産や支援グッズがずらりと並ぶ。

南三陸町の仮設商店街「さんさん商店街」での「復興市」も、回を重ねるごとに定着してきた

8月の「かがり火まつり福興市」には県外からも数多くの人がつどい、特設ステージでは太鼓のライブや演舞が繰り広げられた。日が落ちてからは各所で焚かれたかがり火が夜店を照らし出し、突然打ち上がった花火に歓声が上がった。

海に面する荒砥《あらと》地区に住んでいた浜の担い手たちは、地元で毎年行なっていた神楽《かぐら》を復活させようと、小学校の体育館で「あらと復興神楽」を上演した。会場の外には色鮮やかな大漁旗がはためいた。

お盆には「灯籠流し」が催された。お盆に家々に戻ってきた死者の魂を再び海の向こうへ送り出す伝統行事。港の縁に並べた色とりどりの灯籠に火が点じられ、死者への鎮魂の祈りを乗せて海へ流された。

福興市や夏祭り、夕涼み会。さまざまなイベントや行事の支えになったのは、地元の若者であり、全国から集まった若きボランティアだった。

若者の元気をサポートする

志津川高校の生徒たちの南三陸モアイ化計画は本格的に再始動した。新しいモアイ像が南三陸町にやってくることも決まった。しかし、町の中でそれを受け入れ、支えていく体制は、まだ十分に整ってはいなかった。

震災前は民間有志の「南三陸町づくり海社」が高校生たちをサポートしていたが、代表者として商店街の活性化に尽くしていた昆野《こんの》慶弥《けいや》さんは家族5人とともに津波の犠牲となった。小さな町をつないでいたコミュニティ組織のほとんどはバラバラに解体され、ようやく再建に向けてゆっくりと歩み出したばかりだった。

そんな中で動いたひとりが、入谷公民館長の阿部忠義さんだった。阿部さんはかつてモアイを模した「アイモ君」をはじめ、数々のモアイグッズを独自に考案したアイデアマンだった。しかし阿部さんが自らの創作活動のためにやっとのことで完成させた念願の工房は、２週間後に襲来した津波に流された。夢も可能性も奪われた、だが生き残った自分にも町の復興のためにできることはあるのではないか。そう考えた阿部さんは復興支援を足がかりに「南三陸復興ダコの会」（高橋修会長）を立ち上げ、地元特産品のタコをデザインした〝ゆるキャラ〟グッズを制作・販売した。「置くとパスする」受験祈願の文鎮「オクトパス君」はヒットし、派生商品も開発して25人の被災者雇用に結びついた。

新しいモアイ寄贈のプロジェクトを知って、阿部さんのモアイへの思いに再び火がついた。

「自分はタコを作っている。タコがモアイを迎えるというのもあり、、だ」

南三陸町づくり海社のメンバーも動き出した。元シルバー人材センター事務局長で宮城大学地域連携センター統括リーダーの鈴木清美さん、養殖業者で少年野球団コーチの遠藤則昭さん。そして、モアイフリアンを作った洋菓子店長の阿部雄一さんも加わった。

「高校生たちが頑張っているんだ。おれたち大人が支えないと」

志津川高校の教諭、町復興企画課職員も含めて会合を重ね、２０１２年９月、阿部雄一さんを会長として、町民有志で作る新たな支援組織「みなさんモアイサポーターズ」（略称「みなサポ」）が発足した。「みなさん」は「南三陸町」の略称でもある。「みなさんが高校生を応援する団体」という思いを込めた。

活動は大きく二つの柱からなる。まず、志津川高校の生徒が考案するモアイの意匠デザインを使ったグッズを開発し、復興のイメージキャラクターに活用する。その収益は町に寄付し、被災して壊れたコミュニティバスの買い替え費用に充ててもらう。二つ目はチリから贈られるモアイ像を復興の支援活動につなげる。ただし主役はあくまで高校生、「みなサポ」は後方支援に徹することとした。

設立趣意書には、モアイ化計画や新モアイ像は復興を願う人々の「希望の光」となるとして、次のように記している。

イースター島の歴史をたどると、約2500年前に太平洋に漕ぎ出していったポリネシア人の精神に行き着きます。同じく、三陸の美しい湾に抱かれた南三陸町の人々も、ずっと大洋に漕ぎ出して生きてきました。自然への畏敬、恵みへの感謝を大切にしてきたポリネシア人の子孫のラパ・ヌイの人々がつくったモアイ像は、同じ海に生きる人として通じるものがあるのかもしれません。若者たちは大きな震災を経ることにより、そんな海への想い、復興への祈りをますます深めていきました。

私たちは、そんな若者の想いに触れ、彼らが取り組んできた町おこしのプランを雛形に、モアイ像を町の大切な資産として活用し、〃未来に・生きる（モ・アイ）〃町づくりをしていくために、当会の設立を発起いたしました。一説には数十年かかるとも言われている南三陸町の復興を担うのは、言うまでもなく、この町の若者たちです。彼らが町を愛せなくて、町の復興はありえません。様々な課題を抱えた町の中に、今、唯一見えている若者たちの元気のカタチが、このモアイ化計画なのです。

復興市で販売していたモアイの缶バッジは障害者たちの就労に役立てようと、南三陸町の授産施設「のぞみ福祉作業所」と「風の里」に製造を委託することになった。専用のウエブサイトも立ち上げた。

会長の阿部さんが言う。「モアイには人の心を動かすストーリーがある。〃最も愛する〃と書いてモアイだ」。漁業者の遠藤さんが応じた。「漁師がまず覚えるのも、（岸に船をつなぐ際の）〃もやい結び〃から」

高校生たちをサポートし、モアイをシンボルとした町づくりを町民から発信する体制がようやくスタートした。

文化祭の手応え

エスペランサ委員会の希望プロジェクトと志津川高校のモアイ化計画は、折りに触れてマスコミに取り上げられた。しかし、志津川高校内でも、モアイをめぐる動きの具体的な中身を知る生徒は多くなかった。同校は普通科とビジネス情報科に分かれ、約３６０人の生徒のうち２０１２年度のモアイ化計画に携わっているのは、情報ビジネス科３年生22人中５人だけだった。

南三陸町の中にも、モアイをめぐる動きはなかなか浸透しなかった。地元の人間にとって、モアイ像はあまりに日常的なものだ。震災前のチリプラザは、野球場や体育館、公民館があるため町の人々が日々行き交う場所だった。とくに高校生以下の子どもたちは、生まれたときからそこに立つモアイ像を見ている。近くにありすぎて特別に意識したことがない。そんなモアイを使って町おこしをするという発想に、ピンと来ないというのが実情だった。

「東京の人が案外、東京タワーに行ったことがないのと同じですよ」と南三陸町の職員が地元の感覚を説明した。その存在はよく知っていても、なぜそこにあるのかをいちいち問うことはない。「でもスカイツリーなら見に行きますよね。〝本物のモアイ〟が新しく来ると知ったら、ちょっとざわつくと思います」

高校生たちが新しいモアイ像に連動した復興計画をアピールする絶好のチャンスがあった。志津川高校の文化祭「旭ヶ浦祭」だ。前年は中止となったため、震災後、初めて行なわれることになる。この文化祭には10年ほど前から続く恒例の名物企画があった。生徒たちが思い思いの扮装で町内を練り歩く仮装行列である。

２０１２年８月31日、夏の終わりの強い日差しの中、仮装姿の生徒たち約１００人が学校近くの仮設住宅や仮設商店街をまわって歩き、翌日の一般公開日に足を運んでくれるよう宣伝した。アンパンマンの着ぐるみやメイド姿、アイドルグループに模した衣装でたのしそうに歩く子どもたちの元気な姿を見て、日々を張りつめて暮らす人々の頬はゆるみ、目は潤んだ。

文化祭初日、ビジネス情報科の５人が、体育館に集まった全校生徒の前で、マイクを手にモアイ化計画のプレゼンを行なった。自分たちの学校の一角に置かれたモアイ像の頭。毎日、登下校時に自分たちが見ているモアイ像が、どういう理由でチリからこの町に来て、なぜ今学校にあるのか、そのモアイを使って自分たちがどんなことをしてきたか、これから

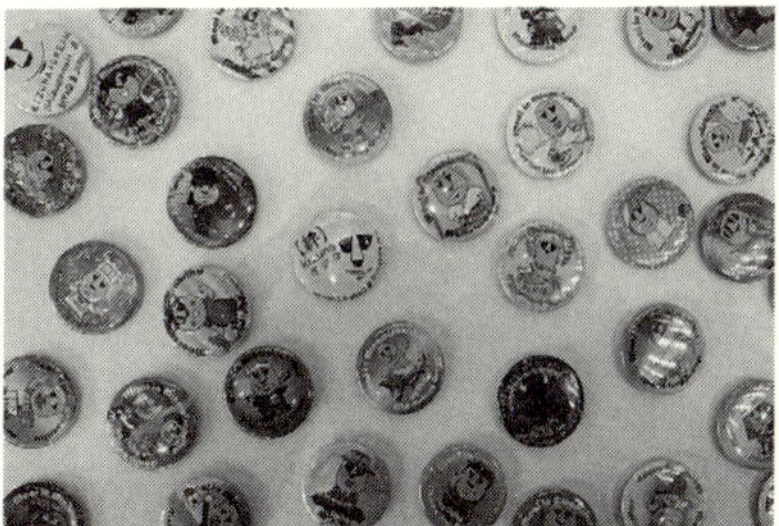

モアイキャラクターの缶バッジ

「さんりくん焼き」を焼く志津川高校情報ビジネス科の生徒

何をしようとしているかを、スライド写真などを見せながら訴えた。
文化祭の一般公開の日、生徒たちはモアイキャラの缶バッジや携帯ストラップを販売して、訪れた人々にモアイ化計画をPRした。
行列ができるほど人気だったのは、鯛焼きがモアイの形になった「さんりくん焼き」である。猛暑の中、生徒たちは立ちっぱなしで約650個を焼き続けた。「絆」の文字が入った特注の焼き型は、商業高校・商業科の全国競技大会で親睦を深めた長崎商業高校から贈られたものだった。
ビジネス情報科3年の首藤知恵さんは「今まで関わったことのない長崎の人も、私たちの活動のためにお手伝いをしてくれる。頑張らないとな、と思います」。実習助手の茂木さんは「ちょっとおこがましいけど、さんりくん焼きと缶バッジが町の観光資源にまでなれば」と話す。

モアイ化計画を立ち上げから見守ってきた佐々木教諭は「銀鮭たこモアイ」のキャラクターをプリントしたトレーナーを着て、「ギンザケ養殖の技術は南三陸町からチリに渡ったんですよ」と来場者に説明した。「震災当時、町の方々は自宅や家族を失って放心状態だった。しかし生徒たちは苦しい中でも自分たちがやらなければと前向きに取り組んで、みんなを助けようとしたんじゃないかと思います」

モアイキャラをデザインしてきた臨時職員の髙橋さんは、自分たちの思いが後輩にしっかり受け継がれていることに驚いた。

「最初は本当に小さな試みだったのに、まさかここまで後輩たちがやってくれるとは思わなかった。僕たちの活動を見てもらって、モアイがこの町を変えていくことを町の人たちに理解してもらいたいと思います」

文化祭の成果に、先生や生徒たちは、計画が少しずつだが前進しているという手応えを感じた。

このころ、遠く離れたイースター島では、トゥキ一族が南三陸町に贈るモアイ像を完成させていた。

未来に向けて

文化祭から10日経った9月11日、アンドラカ会長が夫人らを伴って再び南三陸町を訪れた。イースター島で作っていたモアイ像の完成を町に報告するためだった。

10ヵ月前に初めて訪れたときと同様、町の徹底的な壊滅ぶりに会長はあらためて衝撃を受けた。しかし、がれきの量は減って、町が復興に向けて歩み出していることも感じられた。

訪日に先立って、アンドラカ会長はスタッフとともにイースター島のモアイ像制作現場を訪ね、その進捗状況を確かめていた。ちょうど自身の誕生日に当たり、宿泊先のレストランではトゥキ一家も招いた誕生会を開いて親交を深めた。

仮設町役場でアンドラカ会長はイースター島の様子を報告した。

「私たちが島を訪れたときは制作の最後の段階でしたが、無事完成しました。おそらく今度のモアイ像はイースター島から出る最後の石となるでしょう。モアイ像が来れば、多くの人が訪れて町にも活気が出るのではないでし

マヌエル・トゥキさんからモアイ制作の進捗状況を聞くアンドラカ会長（撮影：Paul Rossetti）

ようか。町の整備も進んでいるようで、そろそろ町は未来に向けて考えていってもいいのではないかと思います。モアイという言葉の〝未来を生きる〟という意味が、とても深く関わってくるはずです」

佐藤町長は「未来を生きるという思いで町の復興を見守っていただくのは大変ありがたい。チリ側の熱い思いを知って感激している」と応じ、新たなモアイ像はいったん仮置き場に設置して、将来的には震災復興記念公園を設立する意向を伝えた。

アンドラカ会長は次に訪れた志津川高校で、短期留学生のチリ滞在プログラムの最終案を日下毅校長に提示した。実は志津川高校を定年退職したばかりの佐藤孝喜元教頭がこの夏、会長の求めに応じてイースター島を含むチリ各地を視察して回っていた。

アンドラカ会長はプログラムの特徴を「大都市間ではなく、地方の市町村同士で行なわれること」として「南三陸町の若者がチリへの理解を深め、町がチリに関する情報・知識センターの役割を担うことを期待している」との思いを伝えた。

「みなさんモアイサポーターズ」のメンバーとも面談したアンドラカ会長は、モアイの完成を告げて握手を交わした。

「私たちにとってモアイ像とは、いろいろな災害や痛みを克服させてくれる象徴です。そんなモアイ像が南三陸町にやってくる。そこには、皆さんを守ると同時に若者たちに力を与え、若者がこの町を去らずに逆境に立ち向かってほしいという願いを込めています」
みなサポのメンバーは、会長の言葉から、チリの人々からの熱い思いをそれぞれ受け取ったようだ。
「チリの方々のモアイに寄せる思いを心からありがたく感じた。モアイを作った家族が一丸となって、南三陸町のため、日本のためとの思いで彫られたと聞いたときは震える思いだった。感謝と感激でいっぱいだった。国は違っても同じ人として、いただいた好意に私たちも応《こた》えたい」（阿部会長）
「単なる石の彫刻ではなくて、イースター島の人たち、チリの人たちの思いが込められたモアイ像がやってくる。私たちは、モアイという石像だけではなく、その思いも一緒に受けとめなければ失礼になる」（鈴木清美副会長）
日本に上陸したモアイ像は、主要都市で展示された後、チリ地震津波があった5月に合わせる形で町に贈られることになった。

イースター島と南三陸町

モアイ像はもともと、合併してできた南三陸町のうち志津川町の地元シンボルであり、合併相手の歌津町にとっては親しみ深いものではなかった。だから生徒たちのモアイ化計画に

イースター島と南三陸町　違いと共通点

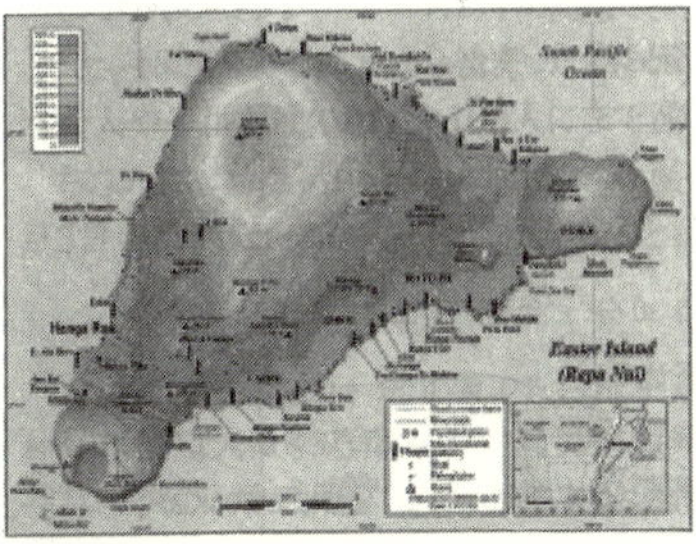

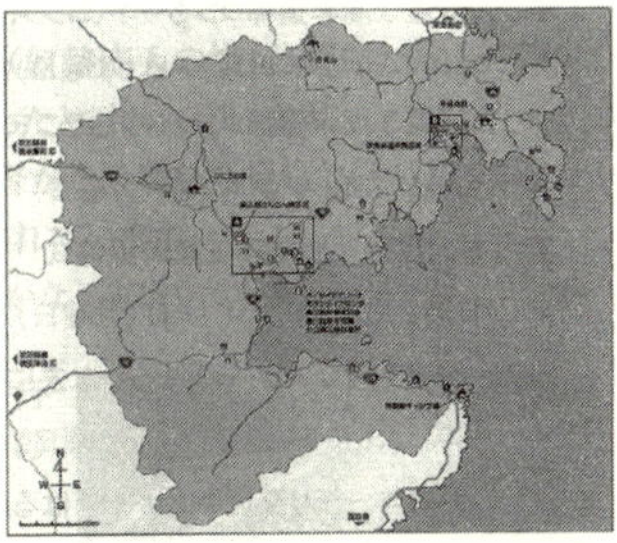

南緯27度・西経109度	位置（地球のどこ？）	北緯38度・東経141度
−6時間	時間（協定世界時から）	＋9時間
１６３．６㎢	面積（島と町の広さ）	１６３．７４㎢
約４，０００人	人口（モアイは除く）	１５，１７０人（1月末）
テレバカ山（海抜５０７m）	高山（海抜・標高）	田束山（標高５１２m）

地球の反対側に位置している南三陸町とイースター島ですが、不思議なことに広さやシンボル的な山の高さがほぼ同じという事に感動さえ覚えます。

イースター島と南三陸町の共通点（「モアイ新聞」より）

は、モアイを通して南三陸町という新しい町の一体化に弾みをつけたい、との思いも込められていた。

２０１２年12月17日、志津川高校の生徒ら5人は、「すばらしい歌津をつくる協議会」の定例会に臨み、太平洋を挟んだ国と地域で起こっている国際交流と復興のプロジェクトについて説明した。「すばらしい歌津をつくる協議会」（小野寺寛会長）は半世紀にわたって歌津地区の活性化に努めてきたコミュニティ組織だ。参加者たちは生徒たちの熱のこもった説明に聞き入り、最後は熱い拍手を送った。

誰もが驚いたのは、イースター島と南三陸町の意外な共通点だった。

まず、南三陸町の面積は163・74キロ平方メートル、イースター島は163・6キロ平方メートルとほぼ同じだ。南三陸町で最も高い田束山《たつがねさん》の標高は512メートル、イースター島の最高峰テレバカ山は507メートルと、これもほとんど同じである。

「海の民」という点でも重なっている。イースター島民のルーツはポリネシアから長い航海を経て渡ってきた海洋民族である。南三陸町からも遠洋漁業の船乗りとして、男たちが北洋から太平洋、南氷洋、インド洋と世界の海に乗り出していった。

モアイ像はイースター島の先住民の信仰の対象だった。しかし、苦渋に満ちた島の歴史の中で、豊かさや再生の象徴というモアイ本来の意味は消し去られ、先住民のアイデンティティーも忘れられてしまった。イースター島民たちは、千年に一度といわれる大地震と大津波に被災した日本の再生を祈ってモアイを贈るプロジェクトを通し、モアイがかつて持っていた民族固有の価値を見つめ直しつつある——。

歌津地区の遠洋漁業の船乗りOBでつくる「南三陸歌津海友会」（千葉光雄会長）のメンバーたちも、イースター島の歴史とモアイ像の意味を聞かされて心を揺り動かされた。津波によって自分たちが拠《よ》って立つ場を失い、避難所生活で寄る辺なき暮らしを強いられている人たちにとって、島民の思いとモアイの存在は切実なものとして迫ってきたようだった。海の男たちは口々に語った。

「そういう気持ちを海の彼方で持っている人がいるとは、自分たちにとって、こんなうれしいことはない」

「おれたちはすべてを失ってしまった。このつらい思いのとき、何かに頼って手を合わせる対象がない。明日を生きていくためには何かシンボルが必要なんだ」

「神や仏はあるけれども、モアイはそういうシンボルになるかもなぁ」

「だったら、南三陸の田束山と歌津崎と神割崎《かみわりざき》の3カ所にモアイを置いて、イースター島に向けたらどうだ」

その場が大いに盛り上がったのは、メンバーの離散で海友会そのものの展望が見えないときだったからかもしれない。海友会の事務局長でもある小野寺寛さんは「絶望の中にあって私たちは精神的な拠り所、人間の力を超えた何かを必要としている」と言う。「復興に向かう今、あらゆる希望を歓迎したい。高校生たちが町の将来のために懸命に取り組んでいる姿が今の私たちにとっての希望だ」

海友会もモアイのプロジェクトを後押ししていくことになった。

大きな犠牲の上で

志津川高校のモアイグッズは売り上げを伸ばしていた。地元の仮設商店街のほか東京や仙台にもグッズを置いた。マスメディアが取り上げたこともあって、全国から缶バッジの注文が舞い込み、学校や授産施設における手作りの生産が追いつかない状態になった。2012年末までに缶バッジが8000個、携帯ストラップは800本、モアイのキャラクターの種類はいつの間にか250を超えていた。2013年に向けてモアイカレンダーも作成した。

一部の生徒だけで進めてきたモアイ化計画の活動を全校に広げようと、志津川高校に授業外のサークル活動「みなサポジュニア」が11月に発足した。いわば「みなサポ」の高校版だ。普通科や1、2年

モアイ新聞

Moai town freepaper

創刊号

平成24年11月1日

みなさんモアイサポーターズ

【志津川高校モアイ化計画】　代表　阿部雄一

事務局　南三陸町志津川字御前下59−1　雄新堂内　TEL 0226−46−2240

南三陸町志津川字廻館92−2　志津川高校（佐々木・茂木）　TEL 0226−46−3643

イースター島からモアイがやってくる！

『友好のモアイ像完成』という河北新報の記事を参考に紹介いたします。

宮城県南三陸町のモアイ像の複製が東日本大震災の津波で損壊したため、イースター島の島民が造ったモアイ像をチリ国民から新たに送る計画が進んでいる。本体はすでに完成し、製作者は「お世話になった日本人に元気にな ってもらいたい」と激励。来年5月頃町に届ける予定だ。

チリ国が、イースター島の石で造ったモアイ像を外国に寄贈するのは初めて。島民や在チリ大使館によると、8月中にまげをかたどった頭部を造り、秋にチリ本土に海軍の船で運び、日本の海運会社の協力で東京港に運搬される。

チリも地震や津波が多く、チリ政府には被災国同士の友好を深める狙いがある。ピニェラ大統領が3月の訪日時に同町を訪れ、新たなモアイ像の寄贈を約束していた。損壊したモアイ像は1960年のチリ地震の津波で南三陸町が被災したことから、町がチリに依頼してチリ本土の石で造られた。

新モアイ像製作は、島でモアイ像の複製造りを長年手がけてきたトゥキ一家が担当。大統領訪日後、一家が無償で製作すると名乗りを上げた。

7月中旬原石を選別し、島唯一の村にあるトゥキ家の敷地まで運び、4人がかりでのみなどを使って彫った。

本体は高さ2．5㍍で、7月末に一家10人で立ち上げた。まげや台座を合わせると高さ約5㍍、重さ6ﾄﾝの巨大像になる。

島の石を運び出すことに反対する島民もいたが、政府が説得。トゥキ族長老が「島の石でなければマナ（霊力）がなく被災地に贈る意味がない」と話し、反対はなくなった。

イースター島ではモアイ像修理などで日本政府や企業が支援を続けており、島を訪れる日本人旅行者も多い。モアイ像造りの有名職人で、製作を指揮する家長のマヌエル・トゥキさん（91）は「これまでの援助の恩返し。島からモアイが行くことで日本の皆さんが幸せになってもらえればうれしい」と話している。

「モアイ新聞創刊号」（2012年11月1日発行）

の生徒、教師を巻き込んで、「できる人が、できるときに、できる範囲で」モアイ化計画に関わることになった。

選択授業の課題で始めた地元の町おこしプランが、いつの間にか被災地の復興事業や国際交流の大プロジェクトに成長していく。マスコミの取材も受ける——茂木助手がいちばん警戒するのは、生徒たちが自分たちの力を過信して有頂天になることだった。

「自分たちは大きな犠牲の上でやらせてもらっていることを忘れないように、そこをはき違えるなよと言っている。もちろん生徒たちは努力しているけれど、大勢の人たちの力あってこそのこと。その気持ちの持っていき方が大事です」

モアイ化計画の立ち上げから生徒を指導してきた佐々木教諭から見れば、生徒たちの意識と自覚は明らかに変わった。12月の日曜日、仙台まで出かけた生徒たちは、寒さの中、食事もそこそこに大声でモアイグッズをＰＲした。自己表現の幅が広がり、プレゼンがうまくなった生徒たちは着実に成長していた。

11月1日、みなサポが隔月で発行する「モアイ新聞」創刊号ができた。南三陸町とモアイの結びつきや志津川高校の取り組みを紹介したＡ４判４ページの新聞は、町の広報誌に挟み込んで町内の全６０００戸に配布された。

クリスマスの上陸

モアイを載せ、チリのバルパライソ港を出た貨物船が、東京港の大井埠頭に到着したのは、出発から1カ月後の2012年12月25日のクリスマスだった。モアイの入った木箱は横浜市鶴見区の倉庫に運ばれ、そのまま保管されて日本の正月を迎えた。

翌年1月17日、珍しく首都圏に積もった雪のためひどく冷え込んだこの日、倉庫に関係者を集めて、木箱を初めて開ける「開梱《かいこん》式」が催された。

開梱式には駐日チリ大使館のパトリシオ・ベッカー臨時代理大使、三菱商事の佐々木相談役が立ち会った。「ベネディクト・トゥキ」と書いた紙が貼られた木箱の蓋を慎重に開けると、梱包材に包まれて横たわる白い石像が現れた。濃い赤色のプカオ、そして白いサンゴと黒曜石でできたモアイの目がそばに置かれた。

南三陸町の地酒が升につがれ、日本とチリの国旗を背にした佐々木相談役が乾杯の音頭をとった。

「2万キロを超える海をはるばる越えて、モアイ像が無事到着しました。われわれとしては大変うれしく思っています。このモアイ像は東日本大震災の被災者に対する義捐金をベースにチリ国民から贈られたものです。その意味では、この箱にはチリ国民の善意、友情がいっぱい詰まっています。モアイの無事の到着を祝し、チリ国民の大いなる善意と友情に感謝し、このモアイが旅を続けて５月下旬、無事、南三陸町に到着することを祈念して、乾杯！」

2013年1月17日の開梱式。佐々木・三菱商事相談役（右）と駐日チリ大使館のベッカー臨時代理大使が手にしているのはモアイの「目」。この目が入ると、モアイは霊力「マナ」を宿す

モアイ像は南三陸町に「津波防災訓練の日」の翌日、５月25日に寄贈されることになった。それに先だち、両国の友好と復興のシンボルをより広く知ってもらおうと、東京（３月20〜28日）と大阪（５月２〜９日）で一般向けに展示される。この全体事業を「モアイプロジェクト」と名付けて、佐々木相談役を委員長とする「モアイプロジェクト実行委員会」が統括する。委員会は南三陸町、駐日チリ大使館、日智経済委員会、エスペランサ委員会の４組織で構成される。

展示会のタイトルは「Ｍｏａｉ　未

来に生きる」。被災地の復興の未来に向けて、その思いと営みをつなぐプロジェクトと位置づけられた。

千年先を見据える

開梱式の4日後、横浜市の倉庫で、箱の中に横たわったモアイ像を立たせる作業が進められた。立ち会ったのは、20年ほど前にイースター島で倒れたモアイの修復を担った奈良の石工、左野勝司さんだ。この作業の打診がある前から、左野さんのもとには既に「モアイが行くのでよろしく」というイースター島の知人からの連絡が入っていた。彫刻家ベネディクトさんとも顔見知りだった。

木箱から出されたモアイ像を傷つけないよう布で包んでから門型クレーンで持ち上げて、倉庫の床に、ゆっくりと垂直に立たせせた。

モアイ像の高さは2・4メートル、胴体の幅は最大90センチ、重さ1・3トン。薄い灰色で表面はなめらかだ。頭上に載せるプカオは高さ68センチ、直径最小50~最大60センチ、重さ365キロ。細身で端正なモアイ像だ。

イースター島を「第二のふるさと」と呼ぶ左野さんは「島の色と香りがする」とモアイに触れた。モアイ像は時代とともに大きさも形も変わる。細身でプカオを載せるモアイ像は、比較的新しい時代の形だという。

「どういう形であれ、イースター島の人が島の石でつくったモアイだから島の空気を呼吸している。世界遺産かどうかは問題じゃない。イースター島の一家族が、南三陸町のために心を込めてつくったこと、それ自体がすごいじゃないか」

ほどなくモアイ像は、奈良市にある左野さんの工房に運び込まれた。

このモアイを南三陸町にずっと立たせるため、左野さんは台座を作り、耐震補強も施した。プカオも地震で落ちないように安全策を講じてある

最終的には、日本でつくる石の台座とアフ（祭壇）の上にモアイ本体を固定し、プカオを頭上に載せなければならない。胴体の厚みが55センチと意外に薄いため、安全性の確保のための接合と耐震補強のための加工が重要だった。また、もともとの石の形状によって不安定となっている胴体の底部の補強も必要だった。

台座には香川県庵治《あじ》町で産出する花崗岩の「庵治石」を使用した。硬くて粘りがある庵治石は、斑《ふ》の美しさと肌理《きめ》の細かさ、光沢から「花崗岩のダイヤ」とも呼ばれる。形は直方体とせず、高さ約35センチ、直径1・3〜1・5メートルの楕円にして、側面は自然石の風合いを出した。

アフは単なる台座と異なり、モアイ像と一体の神聖な祭壇だ。アフがあって初めてモアイに超自然力のマナが宿るとされる。このため左野さんは、地元である南三陸町の石材店と協力してアフを造りたいという。

難しいのは、350キロ以上あるプカオをいかに頭上で安定させるかだ。だぼを挿入してがっちり固定すると、地震で揺れたときにだぼが曲がる可能性がある。プカオが前後左右に動いて揺れの力を逃がすよう隙間を持たせる必要がある。それでいて外れたり倒れたりしないようにしなければならない。

このため本体とプカオに垂直の軸穴を開け、2メートルに及ぶステンレス棒を挿入した。いわばモアイの背骨である。本体と台座の関係も、同様に余裕を持たせながら固定した。さらに海岸近くに設置するとなれば、落雷を受けやすくなる。イースター島のときと同様、ステンレス棒にカーボンを巻いて備える必要がありそうだ。

こうして、イースター島でつくられたモアイ像は、日本の伝統が息づく古都で、より安全に美しく磨きをかけられていった。

「石は今日を見るのではなく、千年先を見据える」と言う左野さんは提案する。

南三陸町に大きな原石を置いて、子どもたちが少しずつ石を彫ってモアイをつくる。形は多少悪くてもかまわない。復興が先かモアイ完成が先か競争すればいい。自分たちで彫った自分たちのモアイができるじゃないか。そうやって子どもたちに千年先にも残る偉大な行為を体験させてはどうか――。

「今は完成したてで角張った白い石像も、年月とともに自然に色あいが変わり丸みを帯びて、千年経てばいい具合になってます。このモアイが南三陸町に、これから千年立っていればいいんですよ」

詩と物語の交換

２０１２年の2月と3月、チリと日本の被災地で両国の高校生が主役となるコンサートが開かれた。希望プロジェクトとは別に、復興に向けて志津川高校とチリの高校との間で進められた文化交流プロジェクトである。

プロジェクトは２０１２年10月に始まった。志津川高校2年4組の38人は、それぞれ被災体験を振り返り、そのときの自分の姿や胸に刻まれた風景、今、抱いている夢などを言葉にしてみた。クラス全員が書き出した言葉を構成し、6編の詩からなる「はるかな友に心寄せて」ができあがった。

長編詩は津波によって打ち砕かれた故郷と人々の心が四季の巡りとともによみがえってくる姿をイメージ豊かに描いている。それぞれから一部を引用する。

「私は／折れた花／花びらのない花／赤茶けた木／消しゴムに消された／文字のよう／沈んだ雲／咲くことを忘れた桜／飛びたくても飛べない鳥／置き去りにされたタカ／瓦礫に囲まれた虫けら」（「2011・3・11〜春」）

「カラカラな大地／見慣れぬ瓦礫のまちを／道に迷った子犬のようにさまよう／胸には不安だけ／真っ暗な夜道に／街灯の光がぽつんぽつんと灯った」（夏）

「冬の制服に衣替えした／やっと高校の制服を／着ることができた／やっと本当の高校生活が始まった／早くて遅い半年だった／時間がずれた時計の針が／もとに戻り始めた」（秋から冬へ）

「卵の殻は割れたんだ／ちょっと前にはできなかった／普通の暮らしがここにある／みんなの力で／今、それがここにある／ゼロからスタートした一年半前／毎日ひとつずつ、ひとつずつ／一歩ずつ、一歩ずつ／私たちは前に進んでいる」（今）

「今は暗闇の道／でもきっといつか光は差し込む／きっといつか心の底から／笑える時が来る／つらいけど／ひまわりのように／空にまっすぐ伸びていこう／上を向いて歩いて行こう」（はるかな友へ）

「前よりもっと／すてきな町を／つくるんだ／前よりもっと／美しい町に／していくんだ／もっともっと／いっぱい笑える／場所にしていくんだ／輝く未来を夢見よう」

（未来を夢みて）

チリのコンスティトゥシオン市にあるガブリエラ・ミストラル校でも同じような試みがなされた。コンスティトゥシオンはサンティアゴの南西３４０キロに位置する人口約４万６千人の港町であり、リゾート地。２０１０年の地震と津波では１０４人の犠牲者が出た。

同校３年Ｂ組の生徒45人は、そのときの体

志津川高校生の創作詩のスペイン語訳を朗読するガブリエラ・ミストラル校の生徒（写真提供：国際交流基金）

験をもとに7編の物語をつくった。物語の主人公は、津波に息子をさらわれた父親であり、行方不明の家族を思って壊れそうになる男性であり、波にのまれた少年と生き残った叔父だった。

海を隔てた二つの高校の生徒たちは、互いの詩と物語を贈り合った。震災後、高校生たちが自身の被災体験に向き合い、言葉に表わすのは初めてのことだった。志津川高校の佐々木美幸さんはその経験を「チリにも同じ体験をした同世代の人たちがいることを知り、感情を解き放つことができたように思う。自分だけでは感情を押し殺してしまうこともある。ちょっと楽になれました」と話す。

悲しみの共有

志津川高校生の詩は、ワークショップを通して生徒たちが生み出した旋律を基に、宮城県生まれのギタリスト佐藤正隆さん、ワークショップのファシリテーター吉川由美さん、福島県の民謡ユニット法笙組《ほうしょうぐみ》の手で、合唱組曲「はるかな友に心寄せて」となった。合唱は生徒らが放課後に練習を重ねて録音し、ガブリエラ・ミストラル校に贈った。

一方、ガブリエラ・ミストラル校の生徒がつくった物語は、チリの国民的歌手ケコ・ユンゲさんの手で「太陽よりも遠くへ」という歌になった。「海は行き来する／人生の波のように

／そして私は愛する／君を探しに行った／太陽よりも遠くへ」
それぞれの詩や歌は日本とチリで両国のアーティストたちによって披露された。まず、チリ地震から3年経った2013年2月27日にコンスティトゥシオンで開かれた追悼コンサートで。3月1日にはサンティアゴでも演奏された。

日本では、東日本大震災から2年経った3月11日に南三陸町で営まれた追悼式でユンゲさんがチリの高校生の歌を捧げ、志津川高校生徒たちが組曲を合唱した。翌12日にやはり南三陸町で開かれたコンサートには両国のアーティストが参加し、志津川高校の生徒が物語を朗読した。

この企画は国際交流基金、駐チリ日本国大使館、「挑戦、立ち上がろうチリ」の共催で、全体を文化プロデューサーの吉川さんがコーディネートした。吉川さんは「どうしたらチリからのメッセージがご遺族たちのものになるのか。その実現は非常に難しかった。でもこのプログラムが被災者にしかわからな

2013年3月11日、南三陸町の追悼式で合唱組曲を歌う志津川高校の生徒たち（撮影：相川健一）

い悲しみを共有する場になったと思う」と言う。

ある女子生徒はこんな感想を語った。「ボランティアの人がどれだけ私たちの話を聞いても、テレビでニュースキャスターがどれだけ同情したり涙を流したりしても、実際に被災した人の気持ちはわからないと思う。だからチリと日本の被災者同士が言葉を交わし、交流できたのは本当にいい機会でした」

南三陸町の人々にとって、チリといえばモアイだった。この文化交流は、モアイとはまた別の、チリの高校生のメッセージや思い、チリの歌手の歌声にじかに触れる機会となった。「それがモアイの来る前で本当によかった。チリという国を初めて知ることができた気がする」。コンサートにはそんな感想が寄せられた。

震災・津波から2年を迎えて、南三陸町は復興の思いを新たにした。このころ、奈良ではモアイ像の台座作りが仕上げに入り、東京では3月20日からの初展示イベントの準備を急いでいた。チリでは日本の被災地からやってきた高校生3人を迎え入れていた。

日本とチリをつなぐ「希望プロジェクト」は佳境に入ろうとしていた。

第5章　未来を生きる

「春分の日」の除幕式

２０１３年３月20日朝、志津川高校情報ビジネス科３年の生徒３人は、東京駅前の丸ビルの一室で落ち着かない時を過ごしていた。３人は３月１日に卒業式を終えたばかりで、正確に言えば「元・生徒」となる。制服の襟にはモアイキャラの缶バッジ。正午から始まる新しいモアイ像の除幕式に参加した後、南三陸モアイ化計画のプレゼンテーションをする予定だった。前年の春、モアイ化計画を課題研究に選んだ新３年生は５人だったが、進学などの関係で、この３人だけが除幕式に参加することになった。

プレゼンは何度か経験してきた。しかし今回は地元を離れた首都・東京で、しかも晴れのモアイ除幕式、相手は報道陣だった。会場となる丸ビル１階玄関口の「マルキューブ」は一般のお客も行き来する。この日は休日（春分の日）のため多くの来場者が予想された。

３人は前日、ホテルでもデモ練習をしたが、この朝、再度デモ練習を重ねて原稿を読み合わせた。引率の佐々木教諭が時間を計り、茂木助手も読み方をアドバイスする。この控え室にもテレビカメラが入り、モアイ化計画〝第１期生〟の髙橋さんが取材を受けていた。

3人のうち山内ナナさんと首藤知恵さんは、その第1期生が震災直前に町民に対して行なったプレゼンに同行している。当時は1年生。町とモアイ、チリとの関係を初めて知って「すごい!」と思い、「自分も関わりたい」と3年時の課題研究にモアイ化計画を選んだ。後藤和那さんは先輩から「モアイ、たのしいぞ」と勧められたのが決め手になった。

イースター島から贈られたモアイ像が一般にお目見えするのは、この日が初めてとなる。会場のマルキューブは高さ、幅、奥行き30メートルで6層吹き抜けの大空間。除幕式は、主催者を代表してモアイプロジェクト実行委員会委員長の佐々木幹夫・三菱商事相談役のあいさつから始まった。

佐々木委員長は2007年にも同じ場所で、日本チリ修好110周年を記念して展示されたモアイ像の除幕式に立ち会っている。自分が南三陸町を訪れた際、がれきに埋もれそうになったモアイ頭部を救い出すことになったというエピソードを紹介して、モアイとの不思議な関わりを強調した。

いよいよ除幕のセレモニー。生徒3人と髙橋さん、佐藤仁・南三陸町長、トーレス大使、佐々木委員長、山田彰・外務省中南米局長がそれぞれ紅白のロープを手に持った。かけ声とともにロープを引くと、白い布が取り除かれて台座に載った細身のモアイ像が現れた。会場

2013年3月20日、東京・丸の内で一般公開されたモアイ像と除幕を行なった8人。 左から：志津川高校卒業生の山内ナナさん、首藤知恵さん、佐藤仁・南三陸町長、佐々木幹夫・モアイプロジェクト実行委員会委員長、パトリシオ・トーレス・駐日チリ大使、山田彰・外務省中南米局長、卒業生の後藤和那さん、“モアイ化計画”1期生の髙橋和也さん（撮影：佐藤信一）

から拍手が湧き起こる。プカオは安全性を考慮して頭には載せず、脇に置かれている。

最後は佐藤町長が「復興は今年が正念場。今後、町をどうつくっていくか。新しいモアイは町民たちが心を一にして復興へと進む希望の存在だ。モアイがそれを見守って後押ししてくれると信じている」と締めくくった。

がっちりと手を握り合うモアイプロジェクト実行委員会の主要メンバー（佐藤、佐々木、トーレスの３氏）

テレビカメラ前のプレゼン

会場には、「南三陸町とチリとの友好の歴史」など３つのテーマでプロジェクトの背景を解説したパネルが展示され、水産加工品やチリワインなど南三陸町とチリの物産販売コーナーも併設された。また近くの三菱商事ビルのＣＳＲステーション「ＭＣ ＦＯＲＥＳＴ」では、「Ｍｏｒｅ Ｍｏｒｅ Ｍｏａｉ！」展を開催。ベネディクト・トゥキさんが作った木彫の伝統民芸品19点のほか、左野勝司さんが作った高さ30センチほどのモアイ像が設置され、映像やパネルによってモアイプロジェクトの背景を解説している。

報道陣を前にプレゼンする“モアイ化計画”の３期生たち
（撮影：佐藤信一）

除幕式の後、会場の一角で卒業生たちはテレビカメラの放列と報道陣を前に、スライドと映像を使って15分ほどのプレゼンを行なった。プレゼンを無事終えた後、３人は新聞やテレビ局からの質問攻めにあった。

「祖母から１９６０年の津波のことは聞いて知っていました。今回の津波で自宅も親友もなくなってしまった。みんなに忘れてほしくないという意味でこのモアイがあるんだと思う。だから僕たちの経験を今から生まれてくる人たちにも伝えていきたい」（後藤さん）

「前のモアイと見た目が全然違うので、びっくりしました。思ったよりも美しくて、このモアイに目が入るのがたのしみです。卒業しても私は地元に残るので、後輩たちと協力してモアイを復興に役立てていきたい」（山内さん）

「2年間くらいモアイを見ていなかったので新鮮です。これまでは地域活性化のためでしたが、これから復興のためにモアイというシンボルがあることを全国に伝えたい。これを機に新しい町になればいいなと思います」（首藤さん）

３人が胸につけていた缶バッジのモアイは、プカオを頭に載せておらず、目も入っていない。「プカオと目を入れた新しいキャラクターのデザインを考えないといけないですね」。キャラクターデザイン担当の髙橋さんは話した。

この日からモアイは丸ビルを訪れた人々の注目を集め、あたりは〝モアイの街角〟となった。３月20～28日で来場者数は約４万４０００人。５月２～９日は大阪・梅田の大型複合施設「グランフロント大阪」に会場を移し、ゴールデンウイークの行楽客たち約６万４０００人が訪れた。

チリ短期留学の体験

イースター島のモアイ寄贈に加えて、希望プロジェクトのもうひとつの柱が、志津川高校生３人のチリへの短期留学だ。春休みを利用した19日間（チリ国内16日間）、３人の若者はチリでどんな体験をして、何を感じたのだろうか。

留学に向けて志津川高校は前年の秋から留学生の募集と選考を進めていた。チリで見聞した経験を帰国後に学校で生かせるよう、対象を１、２年生に絞り、作文と面接の結果、及川龍《おいかわりゅう》哉《や》（普通科2年）、山内美咲《やまうちみさき》（普通科2年）、遠藤龍輝《えんどうりょうき》（情報ビジネス科1年）の3人が選ばれた。3人はチリの歴史・文化やスペイン語学習など10回の研修を経てチリ行きに備えた。引率者として三浦浩教頭が同行することになった。

一行は3月10日朝にサンティアゴに到着した。歓迎会を経て、アンドラカ会長や駐チリ日本大使館への表敬訪問からプログラムはスタートした。留学の目的のひとつは、チリ地震の被災地を訪ね、復興状況を見ることにある。チリ中部バルディビアでは地震で沈没した地域を訪れて、考古学者らに歴史博物館を案内してもらい、サンティアゴ博物館では地震体験エリアで、実際にあった揺れの大きさを体感した。

今回のプログラムの特徴は、日本と関連の深い企業や工場の見学を数多く取り入れていることだ。ラ・セレナにあるロメラル鉱山、バルディビアにある製紙会社セルロサ・アラウコのプラント、サンティアゴの銀行バンコ・デ・チリ、製鉄会社CAP社……。

中でも南三陸町と関わりが深いのは、サケの養殖事業である。もともとサケが生息していなかったチリは日本の技術協力で養殖を始め、今や世界有数のサケ輸出国となっている。その基となった養殖技術は1970年代に志津川漁協で開発されたものだ（第Ⅱ部参照）。

一行はチロエ島ケジョンにある水産会社アグロスーパーのサケ養殖場を訪れた。ここに強い関心を寄せたのが、遠藤君だった。父親が地元でギンザケ養殖に関わる仕事に携わっており、渡航前「これも何かの縁だから、サケ養殖の現場をしっかり見てくるように」と言われていた。養殖場とサケの加工場はシステム化された管理のもと、量産方式で展開していた。工場の従業員は約900人。遠藤君は「うちとは比べものにならないくらい大規模。チリは想像していた以上に技術や産業が発達している」と驚いた。

イースター島でホームステイ

留学のもうひとつの大きな目的が、イースター島見学だった。生徒たちは「自分たちが南三陸町を代表して、島のみなさんに感謝の気持ちを伝えたい」と特別の思いを抱いて訪れた。そして島は、3人にとって最も印象深い訪問先となった。

カルデラ湖を擁するラノカウ火山、モアイを切り出したラノ・ララク、鳥人儀式で知られるオロンゴ岬、モアイが並び立つアフ・アキビ、そして、日本人が修復したアフ・トンガリキ……。蒸し暑さと強い日射しの中、3人は郷土史家アナ・マリアさんの案内で島の伝統文化を肌で知り、伝統舞踊の鑑賞やアナケナビーチでの海水浴でバケーション気分を味わった。

町立専門学校では、用意したスライドを使って、図書室で同校の生徒たちにプレゼンを行なった。山内さんは通訳を通して南三陸町と志津川高校、震災後の生活について紹介し、遠藤君は覚えたてのスペイン語で「南三陸モアイ化計画」の活動を伝えた。

スクールバスの出発時間まで、3人は生徒たちと卓球をたのしんだ。抜群の腕前でみんなから対戦を申し込まれていた山内さんは「言葉はわからなくても、スポーツだと即座に通じる。もっといろいろな人と戦えばよかった」

3泊4日の日程のうち1泊は、島民宅に泊まるホームステイだった。3人は別々のステイ先に分かれて現地の家族と交流を深めた。山内さんのステイ先は、簡素な南国風の家に母親と小さな子どもたちがいた。ホストマザーはまず「あなたは家族よ」と山内さんを温かく迎え入れた。これまでにもさまざまな国の若者を受け入れ、休暇には家族で海外に出かけるという。母親が中国人の山内さんは、海外との架け橋となる通訳になるのが夢で、渡航前はチリの高校との〝詩と物語の交換プロジェクト〟にも参加した。今回のホームステイも忘れられない体験になった。

島を発つ日の朝、彫刻家の長老マヌエル・トゥキさんが宿泊先のホテルに姿を見せた。93歳とは思えない矍鑠《かくしゃく》たるたたずまい。トゥキ一族の日本に寄せる思いに対して3人は感謝の言葉を伝えた。

空港には山内さんのホストマザーが見送りにきていた。ゲートを出るまでの1時間半、山内さんのそばを片時も離れようとしない。「あなたは私の家族なのだから、いつでも帰ってきなさい」。山内さんは胸に迫って泣きじゃくった。

生徒同士の交流

盛りだくさんのプログラムの中で、３人が心からたのしんだのは、同世代の若者や子どもたちとの交流だった。訪れた先々でプレゼンを行なっては質問に答え、短い時間ながらも心を通わせた。

日本の小中高校に当たる子どもたちが通うチリ中部ランカグアのロス・シプレス学校を訪れたとき、３人は子どもたちに囲まれて、もみくちゃにされた。特に低学年の子どもたちは大はしゃぎで「まるでスターみたいな扱いだった」（山内さん）

サンティアゴのノセダル学校は、貧困地区の子どもたちの教育で成功を収めた学校だ。一行は男子校と女子校に分かれ、及川君と遠藤君は男子生徒たちの案内で工業科の授業を見学した。電気・配線・プログラミングなど専門分野ごとのクラスで、生徒たちは生き生きと作業をしている。

休み時間には広い校庭で一緒にラグビーとバスケットに興じた。国が違い、言葉は通じなくても同年代の男子同士、気持ちは通じる。最後はロボット工学のクラスでプログラミングを見学し、廃品で作ったバイオリンの四重奏を聞いた。及川君は感激して「バイオリンを勉強してみたくなった」。渡航前から及川君は「日本と異なる文化と風習の中で過ごすのが夢だった。異文化に触れることが、今後の進路を決めるときに役立つかもしれない」と話して

3人は、同年代のチリの若者と、すぐにうちとけた。ロス・シプレス学校にて（撮影：Rodrigo Fernandez）

いた。

行く先々でウケたのは、高校茶華道部の山内さんが披露するお茶のお点前《てまえ》だった。略式ながら、浴衣を着込んで茶を点《た》てる。一つひとつの所作をチリの生徒たちは食い入るように見つめた。差し出された抹茶を口に含んで、顔をしかめながらも「おいしい……」。茶菓子の羊羹と金平糖は本当においしいと喜ばれた。空手初段の遠藤君は、空手の話題で盛り上がった。海外でコミュニケーションの武器となるのは、こうした日本の伝統文化かもしれない。

最終日近く、ＣＡＰ社を訪れた3人に、アンドラカ会長は「君たちに、ふたつのお願いがある」と切り出した。「ひとつは今回のプログラムで悪かったところを報告してほしい。もうひとつはこの国旗を自宅に飾って、君たちのことを思っている人間がチリにいることを忘れないでほしい」と言って、小さなチリ国旗をそれぞれに手渡した。会食の席でアンドラカ会長は通訳を介さずに3人と直接英語でやりとりした。「君たちは将来、何になりたいのかな?」。3人は会長の目を見て「国際的な仕事に就《つ》きたい」と口をそろえた。

引率の三浦教頭は3人の成長ぶりに目を見張った。チリ滞在中、要人への表敬訪問や歓送迎会など公的な場に参加することが少なくなかった。当初はうつむき加減だった3人が、帰るころは堂々と胸を張って言葉を発していた。「先々で最高のもてなしを受け、大切にされた経験が彼らに自信を与えたのだと思う」

チリ在住37年、かつてチリ日本人会の会長を務め、アンドラカ氏ともたいへん親しい岡村真由美さんは、今回、通訳として3人に同行したが、3人が全行程を通じて愚痴や苦情をひと言も漏らさなかったことに感嘆した。そんな彼らに言葉を贈った。

「あなたたちは、もう日本出発前のあなたたちではないのよ。今、見ている世界は、以前見ていた世界より大きいはずだから……。この貴重な経験を生かし、自分の可能性を信じて、大きく羽ばたいてほしい。そして、将来それを日本とチリのために役立ててもらえたら、これ以上のよろこびはないわ」

モアイ、南三陸町へ

南三陸町では5月25日のモアイ贈呈式に向けて、奈良から駆けつけた左野さんがアフづくりを進めていた。作業に加わったのが、地元の鈴木石材店と沼正《ぬましょう》工務店だった。

鈴木石材店はかつてチリプラザの記念碑加工を手がけ、館下橋の親柱2体のモアイ像を彫った縁があった。しかし3・11の津波で鈴木家は家長の鈴木与三郎さんら4人が犠牲となった。それからは息子の隆志さんが後を継ぎ、犠牲者の墓石を作ってきた。

新たなモアイが仮設置される場所は、内外の人々が訪れる仮設商店街「さんさん商店街」の駐車場内だ。出雲産の石を使ったアフは縦2・7メートル、横3・5メートル、高さ91センチ。クレーンでアフの上に台座を置き、頭にプカオを載せたモアイを設置した。

イースター島の一行は24日に南三陸町入りした。一行は、モアイを彫ったベネディクト・トゥキさん、アナ・マリア夫人、一緒にモアイを彫った弟のイグナシオ・トゥキさん、同じく甥のルイス・アジエンデさん、イースター島のクラウディオ・モンテネグロ海軍指揮官、ルス・カルメン・サッソ前イースター島町長の6人。

ベネディクトさんたちが現場でアフを見届ける一方、アナ・マリアさんは志津川高校へ。講堂に集まった全校生徒にイースター島の歴史と文化について講演した。スライドを使いながら「過酷な歴史を経験した島民は代々口承によって島の文化を伝えてきた。その伝統文化が今、力強く復活しつつある」と語った。

講演後、ひとりの女子生徒が駆け寄ってきて英語で話しかけた。「今日はありがとうございました。チリに友達がいます。私も2年後、チリに行きたいと思っています」。アナ・マリアさんが「ぜひ。待っていますよ」と答えると、満面の笑顔で走り去った。アナ・マリアさんはイースター島で30年間、高校教師をしていた。「子どもたちといると、エネルギーをもらえますね」

チリへの短期留学生3人とも2カ月ぶりに再会した。ごく自然にハグして「あなたたちが最初の留学生として道をつけたのだから、その経験は来年の留学生に生かされるはずよ」と声をかけた。

アナ・マリアさんの講演会
（志津川高校にて）

留学で感じたことについて及川君は話した。「イースター島では、みんなが日常的に笑顔であいさつを交わしている。それはどこでもとても大事なことだと感じました。チリでもイースター島でも、みんな日本のことをとてもよく知っていた。日本人もチリについてもっと知らなくては」。毎日がたのしかったという遠藤君は「チリの人はみんな親切で、社交的で、積極的に話しかけてくれた。そんなチリのよさを伝えていきたい」。山内さんは「チリの旅は日本以外の世界を知る機会だった。通訳になりたいという気持ちが強くなりました」と語った。

イースター島の一行は佐藤仁町長を表敬訪問し、ベネディクトさんが「モアイを贈ることで南三陸町に力を与えたい」とあいさつした。佐藤町長は心からの謝意を伝え、2、3年後に町の中央につくる復興記念公園に、寄贈されたモアイを設置する意向を語った。

南三陸町にとって、この日は1960年にチリ地震津波に遭った特別の日だった。町役場では職員全員で黙禱を捧げた。

晴天の贈呈式

翌5月25日午前、快晴の空の下でモアイの贈呈式が催された。式には前日まで仙台で開催されていた日智経済委員会の参加者も駆けつけた。エスペランサ委員会を含むチリ経済人や、エルナン・デ・ソルミニャック鉱山大臣も加わった。

冒頭、集まった約200人全員で東日本大震災の犠牲者を悼んで1分間の黙禱を捧げた。まずモアイプロジェクト実行委員会を代表して佐々木幹夫・三菱商事相談役があいさつに立った。南三陸町とモアイをめぐる経緯を述べ、「さまざまな巡り合わせとご縁が重なって、ついにイースター島のモアイが永住の地、南三陸町に到着し、まさに感無量です。震災後、志津川高校に移設された先輩モアイと共に、新しいモアイがチリと日本の友情と復興のシンボルとして、末永く南三陸町の発展を見守ってくれることを願っています」と語った。

アンドラカ会長が続いた。「プロジェクト実行には多くの障壁がありましたが、困難であればあるほど私たちは意志と情熱を持ちました。それが〝モ・アイ〟の意味するもの、決してなくしてはならない〝希望〟だったからです。チリ国民は南三陸町が海から糧《かて》を得、穏やかに繁栄し、人々が幸せであるようにとの願いをモアイに込めています。このモアイが人々に再建と再生、不屈の勇気と精神のシンボルになることを願っています」

イースター島のクラウディオ・モンテネグロ海軍指揮官は軍服姿で「地震と津波をよく知るチリは、みなさんの痛みを自分のこととして理解できます。自然は時折り、私たち人間が弱い存在であることを教えてくれます。このモアイのマナが、町の再建と魂の痛みを癒すための力を与えてくれることを信じています」と語った。

除幕のため登壇した関係者らが紅白のロープを引いて白い布を取り除くと、アフに立つ高さ3メートル余りのモアイ像が現れ、拍手で迎えられた。グレーの石像は青空と里山の緑に映え、左右に掲げられたチリと日本の国旗が初夏の薫風にはためいた。

続く開眼式に先だって、ベネディクトさんが説明した。「この開眼式こそ、このプロジェクトの中で最も荘厳な時になります。私たちにとってモアイへの目入れの儀式はモアイにマナ、

地球の反対側からやってきたモアイが、その大きな目で南三陸町の将来を見守るだろう

すなわち霊力をもたらすことを意味するのです」。目をはめこんだモアイはイースター島以外にはふたつしかないという。

　ベネディクトさんとアンドラカ会長がアフ上に置かれた踏み台を登った。アンドラカ会長が差し出すサンゴと黒曜石でできた目を、ベネディクトさんが一つずつはめ込むと、盛大な拍手が湧き起こり、ふたりはかたく抱き合った。

　南三陸町に贈られたモアイは島の火山岩を使って島民自身が祈りを込めて彫り上げた〝本物のモアイ〟だ。生命と豊かさの象徴としてイースター島を見守ってきたモアイが、これからは、南三陸町の復興を見守ることになる。

トーレス駐日チリ大使は「震災から2年、今日の贈呈式は忘れられないものとなりました。モアイ贈呈は日本と共にあるというチリの思いを表わし、自然災害に屈服しないという両国共通の決意を確認し、希望と信念をもって前を向いていくという両国民の意志を新たにするものです」と述べた。

佐藤町長があいさつに立った。「53年前のチリ地震津波の教訓から、町は防潮堤や水門、陸門、防災教育・訓練に取り組んできました。しかし今回、千年に一度という大津波に遭遇し、自然の猛威に人間が逆らうことはできないという現実をあらためて知らされました。二度と同じ悲劇を繰り返さないためには高台への集団移転しかありません。チリプラザは変わり果てた姿になりましたが、将来、復興記念公園を整備し、必ずチリプラザを復活させます。そして新たなモアイはチリとの友好と震災の記憶を伝える象徴として大切にしていきます。多くの善意が詰まった大切なモアイです。町民と一緒に大事に守っていきたいと思います」

記念の銘板

最後に、ベネディクトさんが彫った伝統木工工芸品が南三陸町に贈られ、チリからはモアイ像のもとに設置する2枚の記念プレートが披露された。そこには日本語とスペイン語で次のように書かれている。

チリ共和国より

２０１１年3月11日、南三陸町は大地震と大津波により壊滅状態となりました。この自然が引き起こした悲劇が忘れ去られることがないよう、チリから日本の皆様にモアイ像を寄贈させていただくこととしました。

このモアイ像は、人類史上まれにみる悲劇によって亡くなられた方々に対する全チリ国民の親愛、友情、敬意、そして、深い弔意を表して、チリのイースター島（スペイン語でパスクア島、先住民語でラパヌイ）にて制作されたものです。島の先住民族であるベネディクト・トゥキ氏が父マヌエル・トゥキ氏の指導の下、家族全員の大きな支えを受けて彫り上げた作品です。

このモアイの力強さと巨大さが南三陸の人々の心を奮い起こし、人々が災害後の日々を強く生き抜いて行かれますように。そして、心の故郷であるこの入り江にかつての漁場が一日も早く復活し、人々に喜びと幸せが戻りますように。

南三陸町にて　２０１３年

不思議な縁

町内のホテル観洋に場所を移して開かれたレセプションでは、大森創作太鼓「旭ヶ浦」の演奏、行山流水戸辺鹿子躍が披露された。各テーブルに供されたのは、南三陸町の新鮮な食材を使ったチリ料理。地方の食材を生かした料理で知られる「アル・ケッチャーノ」オーナー奥田政行氏、東京でチリ料理店を営むエドゥアルド・フェラーダ氏の両シェフが腕を振った。ふたりとも震災直後から南三陸町で炊き出しを重ね、漁師たちをはじめとする地元の人々を励ましてきた。奥田シェフの友人で復興支援を続けるシンガーソングライター・八神純子さんも駆けつけて、会場にのびやかな歌声を響かせた。

この後、アンドラカ会長をはじめとするエスペランサ委員会メンバー、佐々木相談役らは志津川高校を訪問し、チリ短期留学によって「日本とチリはいっそう近づいた」と評価し、翌年の第2回留学への期待を伝えた。

辞去しようとするアンドラカ会長に、学校側から5センチ四方の小箱が手渡された。中にはモアイの形をした小さな文鎮が入っていた。1991年、チリプラザのモアイ像設置を機に、さまざまなモアイグッズが発売されたが、すべて今回の津波で流されてしまった。被災者のひとりががれきの中に埋もれていた南部鉄製のモアイ文鎮を見つけ、志津川高校に持ってきてくれた。贈呈式の2日前のことだった。高校はすでに別のモアイ文鎮を保管していたため、「チリの方々に差し上げてもよろしいでしょうか」と提案し、「津波から生き残ったモアイ」はチリに持ち帰られることになった。

車に乗り込んで出発寸前のアンドラカ会長に、息せき切って駆けつけた山内さんが手紙を差し出した。それは会長への感謝の気持ちを英語でつづった手紙だった。自分がチリでとても大きな経験ができたこと、それは会長の力添えがあってこそ実現したこと……。「ああ、間に合ってよかった」と山内さんはいつもの笑顔を見せた。

翌26日、モアイに関わってきた3人の、町民に向けた講演会が南三陸町プラザで催された。最初に登壇した石工の左野勝司さんは、イースター島でモアイを再建した経験から「みなさんに覚えておいてほしいことがある」と語りかけた。

「世界遺産に指定されたイースター島の採石場からは石を切り出せません。だからトゥキさんは自分の畑にあった火山岩でモアイを彫りました。火山岩に凝灰岩ほど大きなものはないけれど、トゥキ一族はめいっぱい大きな石を探し出して、真心を込めて彫ったのです。その

志津川高校関係者に、プロジェクトの成功について語るアンドラカ、佐々木両氏

思いを受けとめた南三陸のみなさんは、末永くモアイを見守ってほしいと思います」

タダノの高木啓行さんの演題は「人生って不思議なものですね」。高木さんがテレビ番組を見てイースター島にクレーンを運ぼうと思わなかったら、また左野さんに協力を求めなかったら、ふたりが今こうして南三陸町にいることもなかっただろう。

「私の場合は自分の思いが周りに影響して、想定以上に膨らんでいくことに戸惑うばかりでした。モアイ化計画を立ち上げた生徒のみなさんもそうだったのではないでしょうか。自分の思いがまさかこんなふうに南三陸町にまでつながるとは思ってもみなかった。人の思いは時間と空間を超える大きなうねりとなって、また別のものを動かしていく。本当に人の縁とは不思議なものだと思います」

最後に登壇したアナ・マリアさんは冒頭、自分たちがモアイづくりにどう関わっていったかを語った。「私は日本の東北で何が起こったかをテレビで知りました。その映像に衝撃を受け、自分たちでできることをしようと言いました。南三陸町にモアイ像があることは知りませんでしたが、志津川高校生の気持ちをうれしく思いました。義父のマヌエルが『モアイをつくって日本に送らないか』と言うと、ベネディクトは『ぜひやろう』と応じました。島民は、日本が自分たちを助けてくれたことをよく知っています。それは物質的な援助以上に、精神的に助けてくれたという思いなのです」

会場では「みなさんモアイサポーターズ」が「モアイ新聞」を配り、モアイをデザインしたタオルやうちわ、しおり、ポストカードが販売された。

各団体でモアイグッズは次々と開発され、さんさん商店街にもずらりと並んだ。志津川高校情報ビジネス科の生徒らがデザインした焼き菓子も新たに発売された。町では町民自身の手でモアイ像を彫る計画が立ち上がろうとしている。

チリ留学生の3人はアンドラカ会長から贈られたチリ国旗を自宅に飾り、それぞれの進路に向けて歩み出した。アンドラカ会長たちは経済交流のため中国に向かった。ベネディクトさん夫妻は、日本を離れてアジアを旅して回るという。左野さんはアンコール遺跡修復のためのカンボジア行きが待っている。それぞれの持ち場で、それぞれの生活がまた始まった。

異なる国と地域、異なる歴史と文化、さまざまな世代と職業の人々が、不思議な縁によって交差し、響き合って、ひとつのプロジェクトを動かした。それを支えたのは、人々の善意であったり情熱であったり、喜びや悲しみであったりした。それぞれをつなぐ結び目には、いつもモアイがあった。その結び目はまた新しいつながりを生むだろう。新しいつながりは未来の可能性を開くだろう。

第II部

日本チリ交流の軌跡

付・日本＝チリ 友好年表

日本とチリ共和国は太平洋を隔てて地球の表裏に位置し、季節、時差ともに対極にある。その結びつきは戦後から経済関係を中心に年々緊密になっている。しかし、その交流を記した資料は意外と少ない。ここでは両国が関わった出来事をトピックごとにつづり、その交流の軌跡をデッサンしてみる。

「白い貴婦人」エスメラルダ

両国の交流は19世紀後半にさかのぼる。当時、日本とチリの関心はむしろ欧米に向いていた。互いに縁遠い存在だったその両国の距離を縮めたいくつかの出来事がある。

東京に文明開化の象徴である「鹿鳴館」が開館した1883年、日本はチリから巡洋艦「アルトゥーロ・プラット」を購入して「筑紫」と命名した。日本の鋼鉄艦第1号だった。さらに1894年に巡洋艦「エスメラルダ3世」を購入して「和泉」と命名。両艦とも日清、日露戦争に参加し、和泉は日露戦争でロシアのバルチック艦隊を相手に大活躍して最高殊勲戦艦となった。

チリでは由緒ある艦名「エスメラルダ」は、代々の軍艦に受け継がれてきた。現在はチリ海軍の練習帆船が「6世」としてその名を受け継いでいる。「白い貴婦人」の愛称で知られる世界最大級の4本マストの帆船である。日本とチリが関わる節目の行事には日本に寄港して、その優雅な姿を披露するこの〝貴婦人〟のファンは日本にも多く、「エスメラルダ友の会」という親睦会があるほどだ。

日本とチリ海軍との間に旧海軍時代以来の交わりがあったことは、一般には知られていない。広島県・江田島の海上自衛隊・教育参考館にはチリのプラット将軍の銅像が、またチリのバルパライソの海軍兵学校には東郷平八郎・元帥海軍大将の銅像が保管されている。

チリ海軍の帆船「エスメラルダ」
（写真提供：毎日新聞社）

日本チリ修好通商航海条約が結ばれたのが1897年。条約では日本とチリとの恒久的な平和と友情を約束し、通商・航海における自由、相手国での自由往来と商業取引をする権利、外交官派遣の権利などを制定した。2年後にはさらに互いの国内で相手国の国民や船舶、商品取引に特権を認め合うことに合意した。

日本とチリが互いになじみが薄かった理由の一つに、チリが戦前戦後を通じて日本からの集団移民を認めていなかったことが挙げられる。チリ在住の日系人の数は、中南米12カ国の中で7番目だ。

1910年、チリ独立100周年を記念してサンティアゴで開催された「万国美術博覧会」には日本からも参加し、養殖真珠、絹製品、木彫家具、象牙細工、漆器、陶磁器、貴金属製品といった特産品や工芸品が出品された。

日本の真珠湾攻撃に端を発した太平洋戦争によって、チリは1943年に対日外交関係断絶を決めた。外交関係を再開したのは、サンフランシスコ対日平和条約締結後の1952年だった。

貿易の相互補完関係

日本・チリ間の戦前の貿易では、化学肥料用のチリ硝石の日本への輸出が知られる。19

05年には既に硝石の買い付けは始まっていた。

戦後は1950年代から現在に至るまで、両国のいわば「相互補完関係」が成立している。日本はチリから鉱物資源（銅鉱石、鉄鉱石、モリブデンなど）をはじめとする原材料を輸入する。一方、チリは工業製品（機械・機器など）を日本から輸入し、日本企業による投資を通じた技術移転を受ける。貿易額ではほとんど恒常的に日本の輸入超過である。

チリの輸出国で日本は常に最上位クラスだ。チリ中央銀行の統計による2011年のデータで見ると、チリの国別輸出統計の構成比で、中国22・2%、次いで米国11・2%、日本は11・0%と3位。2010年は中国に次ぐ第2位だった。

チリへの国内直接投資（実行ベース）の額で見るとどうか。日本は2011年に13億6000万ドル（32・9%）でトップ。2010年はカナダ、スペインに次ぐ第3位。業種別の投資で見ると「鉱業」が全体の6割を占める。

両国の貿易において大きな割合を占める鉱物資源、森林資源、水産資源の開発に向けて、日本企業は着実に投資してきた。チリの鉱業、林業、水産業が世界的にも高い競争力を有している背景には、日本企業の貢献がある。

たとえばチリは現在、ノルウェーに次ぐ養殖サケ・マスの生産国だ。後述するが、これには日本の水産会社による養殖事業への参画が大きく寄与している。加えて日本の商社はサケ・マスの消費市場たる日本への輸出を積極的に促すとともに、米国やアジア市場に向けたチリ産品の輸出に努めてきた。チリの輸出振興において、日本の商社のマーケティング能力が果たす役割は大きい。

チリから日本への輸出品目は、銅や鉄鉱石から、サケなどの水産資源や森林資源、ワイン、農産物へと拡大してきた。以下、さまざまなチリ産品の中でも日本との関わりが深い鉄鉱石や銅などの鉱物資源、サケの養殖事業、チリワインに絞って両国の交流を見ていく。

画期的だった鉄鉱石のペレット化事業

チリの鉄鉱石は、日本との貿易において非常に重要な位置を占めている。

日本への鉄鉱石輸出は、アタカマ鉄鉱山開発に日本企業が乗り出した1960年代から本格化した。1958年、三菱商事と三菱鉱業（現・三菱マテリアル）が折半で現地法人を設立。60年末に第1船が船積みされ、チリの鉄鉱石が日本に本格的に出荷されることになる。以後、アタカマ鉱山は1977年の終掘まで操業が続けられた。

1960年から70年までは、オランダのミューラー社が持つアルガロボ鉱山やアメリカのベスレヘム・スチール社所有のロメラル鉱山などからの日本向け輸出の長期契約が成立。5万トン型船で大量出荷されるチリ鉄鉱石の第2期発展期の時代といえる。

70年に成立したアジェンデ社会主義政権の国有化政策によって、ロメラル鉱山をはじめとする各鉱山は国有化され、それらの操業は国営企業となった資源大手CAP社(太平洋製鉄)に移行された。このため、ベスレヘム・スチール社などの外国企業は次々と撤退していった。

この時期、特筆すべきことに、アルガロボ鉄鉱石のペレット化がある。

当時、高度成長期のただ中にあった日本では、鉄鉱石の需要が高まっていた。ところが同時に公害規制の強化が進み、燐や硫黄分などの不純物が多いチリ鉱を日本に持ち込むためには、粉砕して固めたペレットにする必要が生じた。このペレット製造プラントを三菱商事が神戸製鋼所とともに受注した。このときプロジェクトの推進役として担当した三菱商事の社員が、現在の佐々木幹夫相談役である。

プラント建設は1973年にアジェンデ政権を軍事クーデターで倒したピノチェト軍事独裁政権下で進められた。人権外交を掲げるカーター米大統領はピノチェトと距離を置き、米国の同盟国たる日本の関係省庁も政府系金融機関からの融資には及び腰だった。

佐々木氏は「日本の資源確保」を訴えて関係機関を説得し、日本輸出入銀行からの融資にこぎつける。ペレットプラントは1978年から操業を開始し、同年に日本向けの第1船が出港した。

このペレットプラントの建設が、日本とチリの関係を前進させる画期的な出来事となった。

チリが国際的に孤立したとき、日本の企業がチリから資源を輸入し、政府がそれをバックアップしたことを、チリ側は高く評価したのである。

佐々木相談役は「当時の私はただの平社員。社内的には、軍事クーデターを起こしたチリと取引するのかと上司たちに反対された。しかしこのプロジェクトは日本の産業のためになる、自分の信念のためにもなんとかやり遂げたいという思いだった」と振り返る。

このとき、チリ側で鉄鉱石のセールスを担当していたのが、のちにCAP社会長となるロベルト・デ・アンドラカ氏だった。以来、アンドラカ、佐々木両氏の付き合いは続き、やがて両国の経済交流を図る「日智経済委員会」のチリ側と日本側の委員長として力を合わせることになる。

鉄鉱石をめぐる次の大きな事業は、1988年に枯渇期を迎えるアルガロボ鉱山の代わりにペレットプラントに原料供給を行なうロス・コロラドス鉱山の開発だった。三菱商事とCAPグループの折半でCMH（コンパニア・ミネラ・ワスコ）社を95年に設立、年間500万トンの規模で98年から操業を始めた。

チリの鉄鉱石の歴史は、その中心となるCAP社と日本との関係を中心に、これまで発展してきた。

神戸製鋼所がチリ製鉄所の復旧支援

チリの製鉄業の歴史において特記すべきことがある。チリ地震で被災した高炉の復旧に日本の企業が尽力したことである。

チリ唯一の高炉一貫製鉄所であるワチパト製鉄所は、1950年の操業開始から生産規模を拡大してきた。その製品競争力の向上を目的とした近代設備は、住友重機械工業、日本鋼管（現・JFEスチール）、神戸製鋼所などの日本企業から導入し、南米でも屈指の近代的製鉄生産ラインの地位を築くに至った。

ところが2010年2月27日、チリでマグニチュード8・8の大地震が発生し、津波被害も合わせて500人を超す死者が出た。震源地に近いチリ中南部タルカワノにあるワチパト製鉄所の高炉2基（年産能力計130万トン）も破損して稼働を停止した。

高炉は鉄の原料となる鉄鉱石を溶かし鉄を生成する製鉄所の中枢部だ。建材や自動車向けの鋼材を供給するいわば産業の心臓部でもある。復旧に時間がかかれば、チリの産業全体に深刻なダメージを与えることが懸念された。これまでにない深刻な事態を前に、製鉄所を経営するCSH社の親会社CAP社は頭を抱えた。

そのとき思い起こしたのが、かつて高炉被災を経験した神戸製鋼所の製鉄所（神戸製鉄所）のケースだった。神戸製鋼所では、1995年の阪神・淡路大震災で神戸製鉄所が壊滅的な被害を受けた。しかし、2カ月半という短期間で復旧を果たし、世界を驚かせた実績を持っていた。

CAP社は三菱商事を介して神戸製鋼所に支援を要請した。調べてみると、ワチパト製鉄所の被害は15年前に神戸製鉄所が経験した事態と似ていた。

「あのとき、他の鉄鋼メーカーや国内外からたくさん助けてもらった。今度は私たちが恩返しをする番だ」――神戸製鋼所は3月下旬、震災時に高炉復旧に当たった技術者3人をチリに派遣することを決めた。

出発を前に、現地情報をもとに緻密な対応策が練られた。現地でのミーティング内容はその日のうちに神戸製鋼所に伝えられ、24時間リアルタイムで対応するサポート体制が構築された。

現地に到着した神戸製鋼所の3人は被害状況を聞き取り、CAP社の技術者らと意見を交わした。そして阪神大震災当時の図面やデータ、復旧手順など貴重な情報を含む約500ページに及ぶ資料を無償で提供した。

熱風炉のアンカーボルトの修復やコンベアーの応急処置などを進めていったが、最大の課題は高炉内部の復旧だった。フル操業時に緊急停止したため、炉底に高熱の銑鉄《せんてつ》が固まっていた。両国の技術者が議論を重ねた結果、高炉下部に特殊な棒を突っ込み、銑鉄をかき出す方式で課題をクリアした。

高炉は3カ月後に再稼働できる見通しがついた。技術者同士の海を越えた連帯が実を結んだのである。

世界最大の銅の国

多くの日本人は、チリを世界最大の産銅国として記憶している。ひと昔前までは、「チリといえば銅」だった。実際、チリの銅は埋蔵量、生産量、輸出量、いずれも世界のトップを走り続けている。エスコンディダは世界最大の銅鉱山であり、コデルコ（チリ銅公社）は世界一の銅生産企業だ。

チリ中央銀行によると、チリの2011年の品目別輸出統計で「銅鉱・精製銅」は426億ドルと、輸出総額の実に52・9％（伸び率5・8％）を占めている。世界にとってもチリにとっても、チリの銅は非常に重要な鉱物資源だ。

チリが産銅国として発展するのは20世紀に入ってからだが、1960年代までは米国資本が主要鉱山を支配した。その後、アジェンデ政権による鉱山の国有化、ピノチェト政権による再民営化を経て、90年代からは外国民間企業を主体とする開発ラッシュが続いている。

90年代に日本企業が参画したチリの主な銅開発プロジェクトを挙げる。

チリの銅鉱山。写真のサンティアゴ市近郊ロス・ブロンセス鉱山は年産36.5万t（2012年実績）

三菱商事・三菱金属・日本鉱業3社によるエスコンディダ銅鉱山（操業開始90年）

住友金属鉱山・住友商事によるラ・カンデラリア銅鉱山（同94年）

三井物産・日鉱金属・三井金属鉱業3社によるコジャワシ銅鉱山（同98年）

日鉱金属・三菱マテリアル・丸紅・三菱商事・三井物産によるロス・ペランブレス銅鉱山（同99年）

かつては日本も多量の銅を産出しており、1890年代後半は米国、スペインに次ぐ世界第3位の産銅国だった。1933年以降は輸入国に転じ、現在、原料の銅鉱石はほぼ100％輸入に依存している。もちろん、輸入先は圧倒的にチリである。

銅鉱石の豊富なチリと製錬業の発達した

日本との補完関係が成立し、1950年代からは日本企業によって調査、開発が進められてきた。90年代以降、銅開発への資本参加といった形で本格的な参入が始まり、日本企業は重要な役割を果たしている。チリと日本の相互依存関係が世界の銅の総生産を支えているといっても過言ではない。

サケ養殖の奇跡的発展

サケをめぐるチリと日本の関係は深い。チリは、世界でもノルウェーに次ぐサケ輸出大国だ。2007年の養殖サケ・マス生産量はノルウェーの78・9万トンに次いで65・5万トン。1995年の12・8万トンから急速な伸びを示し、その5倍強にも達している。

日本人にはなじみの深いサケだが、その半分以上は輸入に頼っており、チリ産のサケは2008年には全輸入量の6割を超えた。チリのサケ輸出相手国から見ても、日本は一貫してトップを保つなど、サケ取引に関しては相互依存の関係にある。

チリは水深のあるフィヨルドに栄養豊かなフンボルト海流が流れ込み、サケの生息に適した自然条件にある。しかし、かつてチリにサケはいなかった。チリのサケ養殖は、日本が大きく関わって事業化されたのである。

サケ養殖の基礎技術伝達と人材養成に大きく寄与したのが、1969年に始まった国際協力事業団（現・国際協力機構＝ＪＩＣＡ）の「日本／チリ・サケプロジェクト（チリ水産養殖プロジェクト）」だ。それはチリ南部の僻地にある小さな町コジャイケで始まった。

北海道からサケ科サクラマスの卵を運び、73年に孵化に成功した稚魚を初めて川に放流したが、待てど暮らせど戻ってこなかった。試行錯誤の末にたどり着いたのが、海面のいけすである程度まで育ててから放流する「海面養殖」だった。

この海面養殖の技術をチリで初めて商業化したのが、日本の日魯漁業（現・マルハニチロ水産）だ。日魯漁業は１９７８年にニチロ・チリ社を設立し、サケの海面養殖事業をスタートさせた。

同社はチリでの事業に先立って、日本において海面養殖の技術を蓄積していた。74年からギンザケの海面養殖試験に着手。宮城県の志津川湾内で企業化試験を進め、77年から志津川漁協を中心とする宮城県、岩手県の漁協と提携して本格的な養殖事業を始めた。

このとき、養殖の試験を一緒に進めたのが、志津川漁協組合員の遠藤昭吾さんだ。遠藤さんは、地域の漁業の指導的な役割を担う漁業士の宮城県認定第1号だった。

遠藤さんの息子の則昭さんによれば、昭吾さんはハマチの養殖を参考にエサのやり方を工夫し、3年がかりで商品化にこぎ着けた。当時、市場の評価がなかったところに日魯漁業が赤字覚悟で買い上げ流通させたところから、市場は爆発的に拡大した。昭吾さんは開発した

サケのいない国だったチリは、日本の協力で養殖を始め、今や世界有数のサケ製品輸出国となった。

技術をすべて周りに教え、後継者不足だった漁業はギンザケ養殖で一気に若い後継者が増えたという。

日魯漁業は志津川湾などで蓄積した養殖の経験と技術をチリでも生かし、サケの海面養殖がチリでも商業的に成り立つことを初めて実証した。南三陸町にはチリの水産関係者がサケ養殖の技術を学びに来たこともある。こうしたチリの経済・産業への貢献に対してチリ政府は89年、日魯漁業にベルナルド・オイギンズ勲章を贈った。

さらに半官半民のチリ財団がサケ養殖事業を大規模化し、88年には生産量1000トンを達成し、財団傘下のサルモネス・アンタルティカ社を日本水産が買収した。ここから養殖産業は急速な勢いで発展していく。当時、輸出の大部分はギンザケだった。チリ産サケの最大市場は輸出の6割を占める日本だったが、アトランティックサーモンが養殖されるようになってから、次第に米国向け輸出も増えていった。

市場の開拓、加工技術の向上、安全性の確保などにおいても日本とチリの官民がサケ産業を支援したことで、チリのサケ産業は奇跡的な発展を遂げた。サケがまったくいない、まさにゼロからの出発による成功は世界から注目を浴びた。自然環境と資本と労働という基本条件に、官民を挙げた人材と技術の国際協力が功を奏した。さらにピノチェト政権下の自由主義経済がそれを後押ししたことも背景として挙げられる。

だがその一方で、チリからの安価なサケ輸入によって、日本のサケ養殖は壊滅的な打撃を受けた。皮肉なことに、海面養殖技術の発祥地である南三陸町のサケ養殖も例外ではなかった。

急拡大するチリワイン

チリと聞いて、現在の日本人がまっさきに頭に思い浮かべるのはワインかもしれない。それほどまでに、チリワインは日本ではポピュラーな存在となった。

日本では、1994年の国産低価格ワインの登場をきっかけにワインブームとなった。しかし、ワインといえばヨーロッパのイメージが根強く、チリ産は日本で苦戦を強いられた。当時「メイド・イン・チリ」のワインを売り込もうとしていた商社マンは、「デパートにボトルを置いてすらもらえなかった」と振り返る。

ところが、97年に赤ワインに含まれるポリフェノールの健康効果が大々的に謳われて、日本のワイン市場が急速に拡大した。昼のワイドショーで人気司会者が「赤ワインは健康にいい」と話した途端、酒屋やスーパーで売り切れ店が続出し、「店頭からワインが消えた」というエピソードも残っている。

日本におけるワイン消費をデータで見ると、93年まで減少を続けているが、94年からは国産品、輸入品とも年々増え、中でも安価で高品質のチリワインは爆発的に伸びた。ブームの98年には、数量ベースで前年に比べて約5倍、輸入先の国別ランキングではフランス、イタリアに次いで第3位につけた。

日本のワイン輸入量の推移を見ると、93年を底に年々増え、97年には14万7438キロリットルで93年の2・1倍。そのうちチリワインは、93年の1480キロリットルから97年には7198キロリットルと4・9倍に達した。

チリワインの輸入内訳を見ると、バルクワイン（150リットル超の容器入り）からボトルワイン（2リットル以下の容器入り）に大きくシフトしている。ボトルワインは97年には

５５４５キロリットルと93年の49倍に、チリワイン輸入量全体に占めるシェアも、93年の７・６％から97年には77・０％へと急激に伸びている。チリワイン協会によると、チリワインの輸出先で日本は２００９年、２０１０年とも６位である。

チリにワインが持ち込まれたのは16世紀、スペイン人によってである。チリの中部地方は夏に雨がほとんど降らず、一日の気温の高低差が大きい地中海性気候だ。風土は豊かで変化に富むためぶどう栽培に適していた。

19世紀初頭から高級ワイン用にフランス原産のぶどうの苗木の輸入を本格的に始め、ワイン産業は新時代を迎えた。

19世紀半ばにチリワインの優れた特色を決定づけた重要な出来事がある。１８６０年代、フランスでぶどうに「フィロキセラ」という害虫の被害が発生してまたたく間に広がり、欧

安くておいしい。今や日本でもおなじみのチリワイン

州一帯のぶどう園は壊滅的打撃を受けた。しかし、チリにフランスから苗木が持ち込まれたのはその直前だったため、フィロキセラ被害をまったく受けずに済んだ。南北に長く、東西をアンデス山脈と太平洋に挟まれたチリは、その後もこの害虫を寄せ付けず、現在、被害を受けていない世界唯一の国となっている。

１９８０年代にフランスなどのワイン先進国から近代的な設備と最新の醸造技術が導入され、輸出用の高品質ワインの生産が始まった。主なぶどうの品種は、カベルネ・ソーヴィニヨン、ソーヴィニヨン・ブラン、シャルドネ、メルローなど。

チリワインの魅力は、まずその安値だ。人件費、農地、水などのコストが欧米などと比べて安価なため、製品は価格競争力を有する。さらに品質の高さも折り紙付きだ。１９８９年にフランスのボルドーで開かれた世界的なワイン見本市「ヴィネクスポ」でチリのディスカバー・ワイナリーが金賞を獲得したことが、チリワインの品質の高さを決定づけた。その後も金賞、優秀賞に輝き、トップクラスの地位を獲得した。

２０１１年のブリュッセル国際ワインコンクールでの国別グランド金メダル獲得数を見ると、チリはフランス、スペイン、イタリア、ポルトガルに次いでオーストリアとともに第５位だ。「メイド・イン・チリ」にブランド力を持たせるというチリワイン生産者の悲願は見事に達せられた。

重ねられた国旗の交換

日本とチリの交流を象徴するものに、両国で繰り返された国旗の交換がある。ただし、並の大きさの国旗ではない。

それは戦前から始まった。チリの首都サンティアゴの市制400周年を迎えた1941年のことだ。現地の日本人会が募金して、日本特産の絹で作った巨大なチリ国旗を寄贈した。チリの国旗は下半分が赤い帯で、上半分は白い星を囲む青い正方形と白い帯で構成されている。それを縦20メートル、横30メートルにおよぶ世界最大の旗につくり上げたのだ。日本で100人の職人が125日かけて完成させた。

記念式典でサンティアゴ市長に贈った当時の川崎栄治代理公使は「この贈り物はチリに対する日本国民の

「チリに対する日本国民の友愛と尊敬の証」
20×30mの世界最大のチリ国旗
（1941年、サンティアゴ）

友愛と尊敬の念の真の証明である」と語った。

しかし、重さ250キロもの国旗は重すぎてポールに掲げることができず、市中心部のブルネス広場にある2つのビル間に渡した鉄製ケーブルに吊るす形で掲揚された。翌1942年のチリ独立記念日の9月18日にも披露され、多くの市民が見物に訪れたが、第二次世界大戦による両国の国交断絶のため、国旗掲揚は中止を余儀なくされた。倉庫に保管された国旗は絹製ゆえに虫に食われて穴だらけとなった。

国交回復後の1967年、新たな日本製のチリ国旗が再びサンティアゴの空にひるがえった。チリの要請を受けた「日智協会」(現・日本チリー協会)が、チリとの関係が深い民間企業の協力を得て、第二の国旗を寄贈したのだ。縦16メートル、横24メートルとひと回り小さく、今度は長持ちするように化学繊維を使い、風圧を逃がすために中央部にスリットが入れられた。この旗はその後も長く使用され、祝祭日には掲揚された。

日智修好通商航海条約100周年に当たる1997年、今度はチリが日本に日の丸を寄贈した。縦7メートル、横10メートルとこれも相当大きい。チリで作られ、チリ海軍が誇るエスメラルダ号で運ばれてきた。

国旗寄贈を発案したのは日智経済委員会・チリ側委員長のアンドラカ氏だった。1941年9月18日のチリ独立記念日に、当時7歳だったアンドラカ少年は、父親に連れられて行った広場で巨大なチリ国旗を見上げた。「友好国の日本から贈られた世界一大きな旗だ」という父の言葉を鮮明に記憶していた。

東京湾の晴海埠頭公園で行なわれた贈呈式には、チリからは当時のエドゥアルド・フレイ大統領、アンドラカ委員長が出席、日本側は常陸宮ご夫妻、諸橋晋六・三菱商事会長（日本側委員長）が参列した。公園には高さ30メートルのポールと銘板が設置され、今もイベント時に掲揚される。

２０００年９月、チリで第20回日智経済委員会が開催された折りに、これを祝して日本側が第三のチリ国旗を贈呈した。縦16メートル、横25メートル。贈呈式は大統領官邸のモネダ宮殿で行なわれた。委員会終了直後の独立記念日に、やはりブルネス広場に掲揚された。

東日本大震災の追悼式典が２０１１年４月にモネダ宮殿前広場で催されたときは、日本からチリに贈られたチリ国旗が半旗で掲げられた。

日智経済委員会の貢献

日本とチリの経済的なパートナーシップの中で極めて大きな役割を果たしたのが、両国の財界人で組織する日智経済委員会である。１９７９年の設立以来、ほぼ毎年開催されている。今回のモアイプロジェクトもこの委員会が舞台づくりを担《にな》った。

日智経済委員会の設立と発展の経緯については、日本チリ修好100周年を記念して発刊された『日本チリ交流史』にくわしい。以下、それを参照しながらその活動について概観する。

1977年に日本商工会議所の経済親善使節団が、永野重雄・日商会頭を団長に35人のメンバーでチリを訪問した。日本からチリに派遣された最初の大型使節団だった。この年に訪日したチリのデ・カストロ大蔵大臣が、日本商工会議所における懇談で経済界代表団のチリ訪問を招請、それに応じたものだった。

使節団はピノチェト大統領をはじめとする政府要人と会見するとともに、民間経済界代表らと懇談した。その席上での、チリ側から日本との経済委員会を設置したいという提案をきっかけに、その具体化へ向けて作業が進められた。

初代委員長には、日本側が藤野忠次郎氏（三菱商事会長）、チリ側はエルナン・ダロッチ氏（SOFOFA会長）がそれぞれ就任した。第1回会議は1979年に東京で開催され、チリ側30人、日本側70人の財界人が参加した。全体会議で両国の経済情勢、貿易拡大、対チリ投資促進などについて討議し、三つの業種別会議で具体的問題について意見を交えた。

民族性も経済背景も異なる両国の話し合いは、当初、必ずしもスムーズには進まなかったようだ。チリ側の記録には「日本の市場はたしかに大きいが、保護主義的で進出不可能だ」

「日本人はチリに自動車やエレクトロニクス、家電機器を売り込みにくるだけだ」「日本人の考え方は理解できない」と日本への不信や不安が表われている。

チリ側は漁業、林業、鉱業、エネルギー製造業などの各分野における貿易や投資など具体的ビジネスにつながる日本側の協力を求めた。これに対し、日本側は経済人の人的交流や両国の政策など、ビジネス環境の整備、改善の重要性を訴えた。

「各論志向のチリ側」と「総論中心の日本側」の姿勢のすれ違いと表現できるかもしれない。しかし、会議は当初からフランクで、かつ活発な雰囲気で始まった。回を重ねるにしたがって互いの理解は深まり、やがて経済交流拡大の実績が築かれるに伴い、溝は次第に埋まり、厚い信頼関係が築かれていった。

それは両国間の貿易・投資額の数字に示されている。委員会設立直前の1978年に往復5億9000万ドルだった両国貿易額は、81年には11億6000万ドルと4年間で2倍近くに拡大。累計8900万ドルだった日本の対チリ投資額も、10年後の87年には1億8200万ドルと2倍以上に増えた。

土地と国民性の類似

会議はその都度、時宜にかなったテーマを取り上げた。1990年、サンティアゴで開催された第12回委員会は、ピノチェト軍事政権からエイルウィン民主政権への移管後初の会合で、日系3世のカルロス・オミナミ経済大臣が特別スピーチを行なった。

日系人社会が非常に小さい中でオミナミ氏の存在は際だっている。福井県出身の祖父がチリに住むようになったのは、移民としてブラジルに向かう船上でチフスを患い、強制下船させられたからだった。社会変革を目指したオミナミ氏の人生は、左翼政権、軍事政権、民主政権とチリの体制転換に伴って国外亡命、帰国などと変転するが、現実的な政治経済路線を志向する政治家としてチリで活躍することになる。

ここで両国の歴代委員長について記す。

日本側は80年から初代の藤野氏に代わって田部文一郎・三菱商事会長、89年から諸橋晋六・同社社長、２００２年から佐々木幹夫・同社社長（いずれも当時）と、歴代の三菱商事トップが務めている。

チリ側は初回から12回まで務めたダロッチ氏の後任として、１９９１年にＣＡＰ社長（93年に会長）だったロベルト・デ・アンドラカ氏が就任し、現在に至っている。

アンドラカ氏の委員長就任を機に、チリの日智経済委員会への対応が質量ともに充実した。参加者には大学関係者が増え、第14回（チリ開催）にはエイルウィン大統領、第15回（日本開催）にはフレイ大統領が開会式に臨席した。

アンドラカ氏は訪日回数80数回に及ぶ根っからの親日家だ。大統領をはじめ政府関係者は、日本と関係する事案については必ず会長に相談をするという。日本チリ交流への大きな貢献から94年、日本政府から勲二等瑞宝章を授与された。

二国間の経済委員会は多数あるが、初回から中断もなく、ほぼ毎年開催されている委員会は例外的だ。参加者の数と質の高さも他の委員会を圧倒している。両国の強い結びつきを示すとともに、「日本人とチリ人のまじめで勤勉な性格がよく表われている」との声もある。

日智経済委員会の盛況ぶりと両国の貿易促進ぶりには、米国も強い関心を寄せざるを得なかったようだ。１９８０年代初め、チリの対日輸出高は米国向けの3割に過ぎなかった。しかし、やがて日本は米国に次ぐ第2の貿易相手国としての地位を確固たるものにし、90年から92年までチリの対日輸出額は対米輸出を上回り、3年連続してチリの貿易相手国の首位を占めた。

三菱商事のチリ法人社長や日智商工会議所会頭を歴任した水野浩二氏は、93年に「ニューヨーク・タイムズ」紙から両国間の通商関係の好調さの理由を質問されて、こう答えている。「両国は本質的にチリが資源、日本が技術と設備の供給国として良好な補完関係にあること、また日本は島国だがチリもアンデス山脈と太平洋に囲まれた一種の孤島で地勢的に類似しており、このためか国民性の面でも共通した点が多く、両国はお互いに良きパートナーの立場にある」

この記事は同紙の経済面のトップに掲載された。

地震と津波の被災国

日本とチリはともに地震、津波の被災国だ。近年注目されるのは、両国の震災支援と防災協力への取り組みである。2012年3月、訪日したピニェラ大統領が野田首相と会談した際も、主要議題に上ったテーマだ。

2010年のチリ地震では500人以上の死者、200万人以上の被災者が出た。日本は国際緊急援助隊医療チームを派遣し、物資の供与や資金協力、病院の再建などに努めた。一方、東日本大震災の津波被害に対して、チリは毛布などの物資供与などで支援した。

チリ地震では津波警報の遅れや避難指示における問題が顕在化した。死者数の下方修正など情報入手にも課題を残した。このため、チリは日本の防災体制や早期警戒システムに高い関心を示している。

一方、東日本大震災では想定を超える津波によって、防災対策の進んだ地域にも甚大な被害が発生した。このため地震と津波における防災対策は抜本的な見直しを迫られた。東京で発生が予想される首都直下型地震、東南海・南海地震の対策もリスクが再認識されている。

そこで、２０１２年からはＪＩＣＡとＪＳＴ（科学技術振興機構）による技術協力プロジェクト「津波に強い地域づくり技術の向上に関する研究」が始まった。このプロジェクトでは、日本とチリの研究協力によって、チリで高精度の早期警報手法の開発や津波観測網の構築を行なう。過去の被害を分析し、今後起こりうる津波被害に備えるのである。

両国で発生した津波被害を整理して、被害を推定する手法の開発に取り組む。そして今後、チリで起こりうる地震津波を想定し、被害の防止・軽減にむけた対策を提案する。将来的にはチリと日本、世界規模で、津波に強い地域・人づくり技術の進展を目指して、２０１６年まで共同研究を実施する。

アンデス山脈にトンネル計画

アンデス山脈を長さ約52キロのトンネルで貫いてアルゼンチンとチリを鉄道で結ぶビッグプロジェクトが、２０１２年10月に発表された。開通すれば、南米大陸の東部と太平洋側で年間７７００万トンの輸送が可能となり、物流に革新をもたらす。

計画は「両大洋を結ぶアコンカグアの回廊」を意味する「コレドール・ビオセアニコ・アコンカグア」と名づけられた。建設総予算は最終的には59億ドルという巨大事業で、事業共同体には両国企業のほか三菱商事も参加する。開通時期は未定だが、完成すれば2017年ごろ鉄道開通が予定されるスイス・アルプスのゴッタルドトンネル、青函トンネルに次いで世界3位の長さのトンネルになる。

巨大市場を抱え経済成長が進むブラジルなど大陸東部との流通が加速すれば、南米におけるチリの重要性は必然的に増す。日本はもちろん、世界の経済界が注目している。

アタカマ高地のアルマ望遠鏡計画

今、世界の天文学者が最も熱い視線を注いでいるのが、チリ北部、標高約5000メートルのアタカマ高地に建設されたアルマ望遠鏡（アタカマ大型ミリ波サブミリ波干渉計）だろう。世界最先端の天文観測施設が、銀河や惑星の誕生、生命の起源の謎を解明するかもしれない。この計画には、実は日本の天文学者たちが大きく関わっている。

日本の天文学は1980年代、長野県の野辺山高原に建設された口径45メートルのミリ波電波望遠鏡や6台のミリ波干渉計によって電波観測の分野でトップを走ることになった。さらに精度の高いサブミリ波の観測を実現するには、より標高が高く乾燥した環境が必要だった。日本の研究チームは世界各地の候補地を駆け巡った。

94年にようやく観測に最適な土地を発見した。それがアタカマ高地だった。年間の降水量

アタカマ高地に設置されたアルマ望遠鏡（写真提供：共同通信社）

が非常に少ないうえに晴天が多く、広く平たんな土地には多くのパラボラアンテナを設置できた。

多数の望遠鏡による観測計画は日米欧が独自に進めていた。２００１年、それらを合体した国際協力プロジェクト「アルマ計画」が誕生した。アルマ計画では、最大直径18・5キロメートルの範囲に66台のパラボラアンテナを配置し、それらを一つの電波望遠鏡として、天体を非常に高い分解能で細かく観測できるようにする。

アルマ望遠鏡が初めての科学観測である初期科学運用をスタートしたのは２０１１年。２０１３年1月には、アンテナの数をこれまでの2倍以上に増やした本格的な観測に入った。チリに集結した世界最高の頭脳と技術によって、銀河、惑星、生命の起源を宇宙に探る旅が始まった。

日本＝チリ 友好年表

1867年	初の日本船「ストーン ウォール」がチリのプンタ・アレナス港に入港。
1883年	巡洋艦「アルトゥーロ・プラット」を日本がチリから購入。
1890年	チリが日本に初のチリ領事館を開設。初代領事はアルフレッド・コク・ポルト。
1895年	チリ政府が巡洋艦「エスメラルダ」を日本に譲渡。「和泉」と改名して日露戦争に参戦（1905年、日本海海戦）。
1897年	日本チリ修好通商航海条約締結。公式外交開始。
1899年	駐日チリ公使館開設、初代、モルラ全権公使着任。
1907年	日本の統計にチリとの貿易が初めて記載される。チリは主に硝石を、日本は食品や衣料品を輸出。
1909年	日本が駐チリ日本公使館を開設、初代公使が着任し、外交関係正式樹立。
1910年	チリ独立100周年記念「万国美術博覧会」に日本が参加。
1936年	三菱商事が日本企業として初めてチリ銅精鋼を輸入。

1940年　日本で日智協会（現在の日本チリー協会）設立。
1941年　サンティアゴ市制400年記念に在チリ日本人会が日本絹織物による巨大なチリ国旗を寄贈。
1942年　太平洋戦争開戦。チリは対日本国交断絶勧告（1月28日。リオ・デ・ジャネイロ決議）に、すぐには対応せず。
1943年　チリが対日外交関係断絶を決定（1月20日）。
1951年　チリ政府、サンフランシスコで対日平和条約に署名（9月8日）。翌年4月28日発効。日本・チリの外交関係再開。
1954年　日本とチリが平和条約を批准。
　　　　チリ中央日本人会（日本人会）発足。
1956年　チリ代表団、日本の国連復帰を支持。
1958年　三菱商事などがチリにアタカマ鉱業設立。60年から鉄鉱石を日本に本格出荷。
1959年　岸信介首相、日本の首相としてチリを初訪問（7月30日）。
1960年　5月22日、チリ大地震、犠牲者1743人。日本でも津波で142人が犠牲。
1963年　日本貿易振興会（JETRO）がサンティアゴに事務所開設。
1966年　奈良県天理市とチリのラ・セレナ市、姉妹都市に。

１９６９年　現ＪＩＣＡ（国際協力機構）が「日本／チリ・サケプロジェクト」開始。72年から本格化（～１９８９年）。

１９７０年　チリが大阪万国博覧会に参加。

１９７６年　宮城県志津川町でギンザケの海面養殖の企業化に成功。

１９７７年　永野重雄・日商会頭を団長に経済親善使節団がチリ訪問。日智経済委員会設立を決定。

１９７８年　日魯漁業がチリに現地法人を設立し、サケ養殖事業の商業化に初めて成功。
日本水産、大洋漁業、日魯漁業がチリに現地法人設立。遠洋漁業を本格操業。
日本チリ技術協力協定締結。
チリ鉄鉱石のペレット製造プラントが完成。日本をはじめ世界へ輸出。

１９７９年　チリでニチロ・チリ社がサケ養殖、80年にタイヨー・チリ社がホタテ養殖の事業開始。
日智経済委員会設立。東京で第1回合同委員会を開催。初代日本側委員長に藤野忠次郎・三菱商事会長、チリ側委員長にＨ・ダロッチ・ＳＯＦＯＦＡ会長が就任。日智経済委員会設立を記念して、チリから日本に日の丸国旗を贈呈。日本からは漁業調査船「和泉」を寄贈。

1980年　チリで日智商工会議所（カマラ）設立。日智経済委員会日本側委員長に田部文一郎・三菱商事会長が就任。

1981年　チリでギンザケの海洋養殖の商業生産第1号。

1984年　日本・チリ友好議員連盟設立。

1985年　日智協会を日本チリー協会に改称。川崎汽船が活動を支援。

1988年　大王製紙が日本企業として初めてチリの木材チップを輸入。

1989年　日智経済委員会日本側委員長に諸橋晋六・三菱商事社長就任。日智文化会館を建設。日本人会の活動拠点となる。

1990年　チリ地震津波30年記念事業で宮城県・志津川町（現・南三陸町）がコンドルの記念塔を松原公園に設置。91年にはチリで制作されたモアイ像を設置。

1991年　日智経済委員会チリ側委員長にR・アンドラカ・CAP会長就任。タダノのモアイ修復計画開始。92〜95年に修復。無償でクレーン車を寄贈。

1992年　パトリシオ・エイルウィン大統領、チリ元首として初めて日本を公式訪問。政治・経済・学術上の関係緊密化に向けた「日本ラテンアメリカ環太平洋21世紀委員会」日本・チリ部会設立。

1993年　常陸宮同妃両殿下がチリを初訪問。

1994年	エドゥアルド・フレイ大統領、訪日。
1995年	ラパ・ヌイ国立公園（イースター島）が世界遺産登録。
1996年	橋本龍太郎首相が37年ぶりに日本の首相としてチリを訪問。
1997年	日本チリ修好通商航海条約100周年。東京でセミナー開催。記念書籍『日本チリ交流史』などを出版。
	常陸宮同妃両殿下がチリを再訪。フレイ大統領が訪日。
1999年	日本・チリ・パートナーシップ・プログラム（JCPP）合意文書を締結。中南米諸国に対する両国の技術協力プログラム。
2001年	チリのアタカマ高地に巨大電波望遠鏡を設置する国際共同プロジェクト「アルマ計画」が開始。
2002年	日智経済委員会日本側委員長に佐々木幹夫・三菱商事社長が就任。
	ユネスコ文化遺産保存日本信託基金による「イースター島モアイ像保存修復プロジェクト」（～06年）。
2003年	リカルド・ラゴス大統領、訪日。
2004年	チリでAPEC首脳会議開催。小泉純一郎首相がチリを公式訪問。
2005年	日智賢人会議を設立。5月に東京で第1回会合開催。

2006年　宮城県の志津川町と歌津町が合併して南三陸町が誕生。

イースター島のクレーン故障の報を受け、タダノが再びクレーンを寄贈。

2007年　日本チリ経済連携協定（EPA）締結。

日本チリ修好110周年記念事業。「マダム・バタフライ」公演。展覧用にイースター島でつくられたモアイ像を東京で展示。

2009年　ミシェル・バチェレ大統領訪日。

ユネスコ人的資源開発日本信託基金による「イースター島における持続可能なエコツーリズムと発展のための地域コミュニティの能力開発プロジェクト」（〜11年）。

2010年　チリ独立200周年。

2月27日、チリで大地震。500人を超す犠牲者。被災したワチパト製鉄所復旧に神戸製鋼所が技術支援。

4月、宮城県立志津川高校で「南三陸モアイ化計画」スタート。

8月、チリのコピアポ鉱山落盤事故が発生。

11月、セバスティアン・ピニェラ大統領が横浜APEC参加のため来日。

2011年　3月11日、東日本大震災。約1万9000人の犠牲者。福島第一原発事故。

2012年

4月27日、サンティアゴのモネダ宮殿前広場で3・11の追悼式典。

9月、アタカマ高地でアルマ望遠鏡が科学観測開始。

3月、ピニェラ大統領が訪日。南三陸町、志津川高校を訪問。

日本でモアイプロジェクト実行委員会が発足。

秋、南三陸町とチリ・コンスティトゥシオン市の高校生が被災体験に基づく創作詩と物語を交換する文化交流プロジェクト。翌年2、3月に両国でコンサート。

2013年

1月17日、イースター島で制作したモアイ像の開梱式（横浜市）。

3月9～27日、志津川高校生3人がチリへ短期留学。

3月20日～28日、モアイ像を東京で初展示。5月2日～9日に大阪でも展示。

5月25日、南三陸町でモアイ像贈呈式、翌26日に記念講演会。

あとがき

イースター島から復興の祈りを込めたモアイ像が日本の被災地に贈られるというプロジェクトのきっかけは、宮城県南三陸町の子どもたちのふるさとを思う気持ちでした。太平洋を挟んだ二つの国・地域の人たちの「再生への願い」が交差したところに、このモアイプロジェクトは生まれたのです。

しかしその背景に、日本とチリが長年大切に育んできた経済交流の歴史があったことを忘れることはできません。チリは日本にとって貴重な資源供給国です。銅やモリブデン鉱といった鉱物、サケ・マスを中心とする水産物。今やチリワインの人気は完全に定着しました。一方、チリは日本から自動車などの工業製品を輸入し、投資を通じた技術移転で発展を続けてきました。

東日本大震災に際して多くのチリ国民から義捐金が寄せられたのは、もともと親日的なお国柄に加えて、こうした両国の互恵的な経済関係が大きなはたらきをしたといえます。

チリの財界からの義捐金をもとに南三陸町に贈られたモアイ像は、その意味で両国が深めてきた信頼関係の証《あかし》でもあります。同時に実施された高校生たちのチリ短期留学プログラムは、未来に向けた友好と交流の礎《いしずえ》となるでしょう。

さらに今回のプロジェクトが、CAP社のロベルト・デ・アンドラカ会長の情熱のたまものであることを記しておきたいと思います。立ち上げから、南三陸町とチリ・イースター島との橋渡し、本書の企画に至るまで、会長は一貫してプロジェクトを牽引してこられました。

私が1972年、鉄鉱石のペレット製造プラント推進のためにチリを訪れた際のチリ側の担当が現在のアンドラカ会長でした。それ以来のおつきあいの中で、会長の日本に寄せる深い思いに心打たれるとともに、チリ国民の誠実でまじめな国民性を知ることにもなりました。

現在、会長と私が日智経済委員会の自国代表として両国の経済交流に努めているのもご縁ならば、今回、震災を契機としたプロジェクトで復興に向けた活動をご一緒できたのも巡りあわせでした。私自身のモアイとの不思議な縁によって導かれたようにさえ感じます。

21世紀、ラテンアメリカは経済的な重要性を確実に増し、中でもチリは日本にとってより大切なパートナーとなります。モアイをめぐる日本とチリの絆をつづったこの記録が、両国の交流を経済面だけではなく、文化的、精神的にも発展させる一助となることを心から願っております。

2013年5月

モアイプロジェクト実行委員会委員長　佐々木幹夫
（三菱商事相談役・前会長、日智経済委員会委員長）

参考文献

▼山下文男著『津波てんでんこ』（2008年、新日本出版社）
▼山下文男著『哀史 三陸大津波』（2011年、河出書房新社）
▼「地球の歩き方」編集室『世界遺産イースター島完全ガイド』（2009年、ダイヤモンド・ビッグ社）
▼A・コンドラトフ著、中山一郎訳『イースター島の謎』（1977年、講談社現代新書）
▼佐野勝司著『石ひとすじ』（2009年、学生社）
▼マルセル・モース著、吉田禎吾、江川純一訳『贈与論』（2009年、ちくま学芸文庫）
▼アナ・マリア・アレドンド著、テポウ・フケ画、岡村真由美訳『モアイ――日本への贈り物』（2013年、Editorial Aukara発行）
▼日本チリ交流史編集委員会編『日本チリ交流史』（1997年、日本チリ修好100周年記念事業組織委員会、非売品）
▼細野昭雄著『南米チリをサケ輸出大国に変えた日本人たち』（2010年、ダイヤモンド・ビッグ社）
▼石田博士構成『中南米が日本を追い抜く日 三菱商事駐在員の目』（2008年、朝日新聞出版）
▼細野昭雄、松下洋、滝本道生編『チリの選択 日本の選択』（1999年、毎日新聞社）
▼水野浩二著、岡村真由美スペイン語訳『チリ ある商社マンの第二の祖国』（2010年、非売品）

その他、数多くのウエブサイトを参考にしました。

❖取材協力

飛鳥建設株式会社／ガイドサークル汐風／国際交流基金／すばらしい歌津をつくる協議会／株式会社タダノ／日本チリー協会／みなさんモアイサポーターズ／南三陸歌津海友会／南三陸復興ダコの会／宮城県志津川高等学校／ラテンアメリカ協会（50音順）

❖制作協力

三菱商事株式会社

株式会社エム・シー・コミュニケーションズ

❖編者

モアイプロジェクト実行委員会

南三陸町

日智経済委員会

エスペランサ委員会

駐日チリ共和国大使館

※本書の印税は南三陸町に寄付させていただきます。

企画　株式会社麹町企画
執筆　片岡義博
編集　富永虔一郎
装丁　山田英春
DTP制作　水谷イタル
編集協力　植野郁子、田中はるか

モアイの絆 チリ・イースター島から南三陸町への贈り物

発行◈2013年7月10日　初版第1刷

編　者　モアイプロジェクト実行委員会
発行者　杉山尚次
発行所　株式会社言視舎
〒102-0071東京都千代田区富士見2-2-2
電話03-3234-5997　FAX 03-3234-5957
http://www.s-pn.jp/

ISBN978-4-905369-63-9 C0036

日本のみなさん、ラパ・ヌイからご挨拶を送ります。ネヘ・パコミオより。

イースター島よりたくさんの愛を込めて。がんばって。みなさんは私たちの心の中にいます。（おみやげ屋）

みなさんへ

ー島）からのメッセージ

取材・撮影／土屋 葵

2011年の地震で苦しまれた日本の兄弟たちに平和と愛を。ラパ・ヌイのテパノ・バレーラ家族一同より。（旅行会社員）

みなさんにたくさんの希望とハートを込めて。日本へハグを送ります。ラパ・ヌイより。2012年。（チリ本土から出張中、塗装会社社長）

みなさんにたくさんの愛とパワーが届きますように。（代々の彫刻家。今回のモアイ像の石切りにも参加）

がんばれ日本。ラパ・ヌイより愛を込めて。パルマ・カレーノ家族一同より。さようなら。

こんにちは。みなさんお元気ですか？ 日本で起こったことを残念に思います。敬意を込めて。リンジー・マルティネスより。

ラパ・ヌイ島民一同、被災されたみなさんにお見舞い申し上げます。愛を込めてご挨拶を送ります。（主婦）

日本の

ラパ・ヌイ（イースタ

イースター島より日本のみなさんにご挨拶を送ります。マティアス・パコミオより。

強く賢い日本のみなさん。みなさんの心は決してくじけることがないでしょう。明るい未来に向かって突き進んでください。愛を込めて。アニー・レイズ。イースター島教師。（小学校・英語）

ラパ・ヌイより愛を込めて、日本へ元気とパワーを。

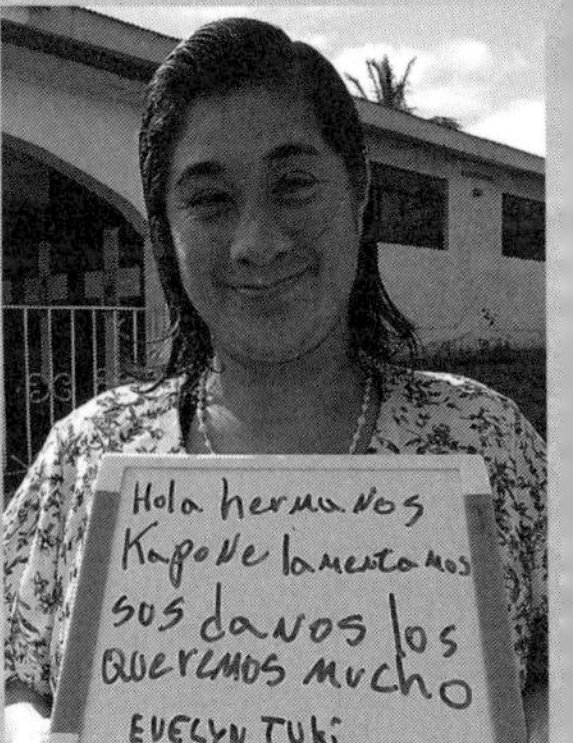

日本の兄弟たち、こんにちは。被災されたみなさんにお見舞い申し上げます。私たちはみなさんのことが大好きです。エベリン・トゥキより。

日本のみなさんへ

ラパ・ヌイ（イースター島）からのメッセージ

日本のみなさん、こんにちは。災害に遭われたみなさんへ、心の底からのご挨拶を送ります。テテより。（漁師）

こんにちは。ルセロです。ラパ・ヌイから日本のみなさんに挨拶とハグを。

日本の兄弟たち、こんにちは。ラパ・ヌイのロサ・ファミリーから日本のみなさんにパワーを。（ツアーガイド。「変わった波が島まで届いたよ。日本の惨状を心配していました」）

こんにちは。ラパ・ヌイより愛を込めて日本のみなさんへご挨拶を送ります。バイタイ・リロロコ

みなさんが早く立ち直られますように。たくさんの愛を込めて。ニナより。（日本人に人気の宿を経営）

私たちの村からみなさんへハグを。（ラパ・ヌイ族の子孫、観光案内）

イースター島へひとり旅をし、島の人たちから「日本にモアイ像を贈るんだ。復興をみんな祈ってる」「日本には何度も助けられてきたから恩返しさ」と、モアイ像贈呈プロジェクトの話を聞きました。あまりにも熱心に話すその様子や、日本のことを想う気持ちが印象的だったので、少しでも彼らラパ・ヌイ人の“想い”を伝えようと、こうした写真を撮らせてもらいました。（土屋）